# 周禮疏

〔唐〕賈公彥 撰

韓悦 解題

圖版 三

# 本冊目録

## 京都大學附屬圖書館藏舊鈔本周禮疏

# 周禮疏卷第二十四

唐朝散大夫行大學博士弘文館學士臣賈公彥等撰

公之至素端　釋曰陳天子吉凶之服訖自此已下陳諸侯及其臣之服貴賤不同之事也但上具列天子之服此文以上公自袞冕以下差次如之上得兼下下不得僭上也大夫云凶服加以大功小功者天子諸侯自旁期已下皆絕而不為服大夫加以大功小功謂本服大功小功有其降一等小功降仍有服緦者其本服之緦則降而無服云士之服自皮弁而下者士之助祭服爵弁不言爵弁者以其爵弁之服

惟有承天變時及天子哭諸侯乃服之所服非常故
列天子吉服不言之今以次轉相如不得輒於士上
加爵弁故以皮弁爲首但皮弁亦是士助君視朔之
服也云其凶服亦如之者亦如大夫有大功小功但
士無降服則亦有緦服故鄭增之也其齊服有玄端
者則士冠上士玄裳中士黃裳下士雜裳特牲士之
享祭之服也素端者即上素服爲札荒祈請之服也
注自公至八寸　釋曰云自公袞冕至卿大夫之
玄冕皆其朝聘天子及助祭之服者此上公袞已下
既非自相朝聘之服又非己之祭服案曾子問云諸

侯裨冕出視朝鄭云為將廟受謂朝天子時也春夏
受享於廟秋冬一受之於廟是受享受覲皆在廟是
受朝之事及助祭在廟理當裨冕也若卿大夫聘天
子受之在廟及助祭亦申冕服可知故鄭君臣朝聘
並言也云諸侯非二王後其餘皆玄冕而祭於己知
之者案玉藻云諸侯玄端而祭注云端當為冕是諸
侯玄冕自祭於己也案玉藻云諸侯祭宗廟之服惟
魯與天子同此注云諸侯非二王後其餘皆玄冕祭
於己彼不言二王後此不言魯者彼此各舉一邊而
言其實相兼乃具也魯雖得與天子同惟在周公文

王廟中得用袞冕故明堂位云季夏六月以禘礼祀
周公於大廟云天子之礼是也若餘廟亦玄冕或可
依公羊傳云白牡周公牲騂犅魯公牲羣公不毛魯
公既與君公别牲而用騂犅則其服宜用鷩冕可也
其二王後惟祭受命王得用袞冕其餘廟亦得用玄
冕也云雜記曰大夫冕而祭於公弁而祭於已士弁
而祭於公冠而祭於已大夫爵弁自祭家廟惟孤爾
其餘皆玄冠與士同者鄭引雜記者上已説諸侯祭
訖
於已訖更明孤已下自祭不得申上服之意也云其
餘皆玄冠與士同者諸侯降孤用爵弁之　卿大夫

等皆用玄冠與士同故少牢是上大夫祭用玄冠朝服特牲是士礼用玄冠玄端是其餘皆玄冠與士同也其天子大夫四命與諸侯之孤同亦以爵弁自祭天子之士宜與諸侯上大夫同用朝服也云玄冠自祭其廟者其服朝服玄端者朝服據少牢大夫礼玄端據特牲士礼而言也云諸侯之自相朝聘皆皮弁服者欲見此經上服惟施於入天子廟不得入諸侯廟之意必知諸侯自相朝聘用皮弁者見聘礼主君及賓皆皮弁諸侯相朝其服雖無文聘礼主君待聘者皮弁明待諸侯朝亦皮弁可知且曾子問云諸侯

朝天子冕而出視朝爲將廟受及彼下文諸侯相朝
云朝服而出視朝鄭云爲事故據此上下而言明自
相朝不得與天子同即用皮弁可知也云此天子曰
視朝之服者此解皮弁非諸侯常服之物惟於朝聘
乃服之意也云喪服天子諸侯齊斬而已者欲見大
夫言大功小功天子諸侯不言之意也天子諸侯絶
旁期此云齊者據爲后夫人而言若然天子於適孫
承重亦期周之道有適子無適孫若無適子自然立
適孫若無適孫立適曾孫亦期及至適玄孫皆然也
既爲適孫有服而適子之婦大功若於適孫已下之

婦承重者皆小功矣今特言齊者舉后夫人重者而
言云卿大夫加以大功小功者是據正服大功小功
若緦則降而無服故不言云士亦如之又加緦焉者
士不降服明知更加緦也云士齊有素端者亦為札
荒有所禱請者然上文已云素服士既轉相如已有
素服矣今於經別云玄端素端為士設文者以其大
夫已上侈袂同惟士不得侈袂以端為之故經別見
端文也若然士之素端言齊者見禱請也則上文素
服亦是齊服禱請可知也云變素服言素端者明異
制者鄭解士別見文素意也鄭司農云衣有襦裳者

為端者此端據正幅不據禒裳故後鄭不從也玄謂
端者取其正也者端正也故以正幅解之云士之衣
袂皆二尺二寸而屬幅是廣袤等也者云衣袂二尺
二寸喪服記文故彼云衣二尺有二寸注云此謂袂
中也言衣者明與身參齊是玄端之身長二尺二寸
今兩邊袂亦各屬一幅幅長二尺二寸上下亦廣二
尺二寸故云屬幅廣袤等袤則長也言皆者皆玄端
素端二者同也云其袪尺二寸者據玉藻深衣之袪
尺二寸而言也云大夫已上侈之侈之者蓋半而益
一焉半而益一則其袂三尺三寸袪尺八寸者此示

無正文案礼記雜記云凡弁絰服其衰侈袂少牢至
婦衣綃衣亦云侈袂侈大即以意為半而益一以解
之也孔子大袂单衣亦如此也凡天子冕服有章者
舊説天子九章據大章而言其章別小章〻依命數
則皆十二為節上公亦九章與天子同無升龍有降
龍其小章〻別皆九而已自餘鷩冕毳冕以下皆然
必知有章者若無小章絺冕三章則孤有四命六命
卿大夫玄冕一章卿大夫中則有三命二命一命天
子之卿六命大夫四命明中有小章乃可得依命數
凡大至奉之　注奉猶至手所　釋曰云大祭祀

則中兼有次小祭祀以其皆是王親祭故舉大而言賓客言大者據諸侯來朝也王者不敢遺小國之臣則其臣來聘亦有接待之法亦略舉大而言皆當奉衣服而送之於王〻服之以祭祀及接賓客也

大喪至陳序

釋曰云大喪王喪其中兼小喪也復衣服謂始死招魂復魄之服案雜記云復者升屋西上則皆依命數天子則十二人諸侯九人七人五人大夫士亦依命數人執一領天子衮冕已下上公亦皆用助祭之上服云斂衣服者小斂皆十九稱大斂則士三十稱大夫五十稱諸侯皆百稱天子蓋百二十

稱　注奠衣至槨中　釋曰云奠衣服今坐上魂衣也者子蓋百二十稱　注奠衣至槨中　釋曰云奠衣服今坐上魂衣也者案下守祧職云遺衣服藏焉鄭云大斂之餘也至祭祀之時則出而陳於坐上則此奠衣服者也云云謂廞衣服所藏於槨中者此則明器之衣服亦沽而小者也　典祀至禁令　釋曰云掌外祭祀之兆守皆有域掌其禁令者謂遮列不得有人來入域中故云禁令也　注外祀至塋域　釋曰云所祀於四郊者域兆表之塋域者此即小宗伯所云兆五帝於四郊四類四望亦如之兆山川丘

陵巳下皆是典祀掌之也言兆域據壇外為溝渠為
表塋域者也　若以至役之　釋曰云以時祭祀者
謂天地山川祭祀皆有時也　注屬其至使之　釋
曰鄭知其屬是胥徒者以其典祀身是下士其下惟
有胥徒故知也不言府史者府史非役者也徵召也
以其司隷主衆隷主供役使故云作使之也　及祭
至蹕之　注鄭司至令入　釋曰其屬還是胥徒厉
是遮列蹕是止行人故云遮列禁人不得令入也
守祧至藏焉　注廟謂至諸侯　釋曰云廟謂大祖
之廟及三昭三穆者王制云天子七廟三昭三穆與

盩

大祖之廟而七又祭法云王立七廟曰考廟曰王考廟曰皇考廟曰顯考廟曰祖考廟皆月祭之有二祧享嘗乃止據周而言是知廟祧中有三昭三穆與大祖之廟也云遷主所藏曰祧者以祭法云遠廟為祧去祧為壇既言去祧為壇明遷主先入祧乃至壇耳故知祧是遷主所藏云先公之遷主藏于后稷之廟者先公謂諸盩已前不追謚為王者先公之主不可下入子孫廟故知向上入后稷廟案聘礼云不腆先君之祧既拼以俟諸侯無二祧先祖之主皆藏於大祖廟故名祧若然后稷廟藏先公不名祧者以有大

祖廟名又文武已名祧故后稷不名祧也若然大王王季之主不可入文武祧亦當藏於后稷廟也云先王之遷主藏于文武之廟者當周公制礼之時文武在親廟四之内未毁不得為祧然文武雖未為祧已立其廟至後子孫文武應遷而不遷乃為祧也其立廟之法后稷廟在中央當昭者處東當穆者處西皆别為宫院者也案孔君王肅之義二祧乃是高祖之父高祖之祖與親廟四皆次第而遷文武為祖宗不毁矣鄭不然者以其守祧有奄八人守七廟并姜嫄廟則足矣若益二祧則十廟矣奄八人何以配之明

服則小斂亦有餘衣必知據大斂之餘者小斂之餘
至大斂更用之大斂餘乃留之故知此遺衣服無小
斂餘也先鄭云此王者之宮而有先公謂大王以前
爲諸侯者謂不窋已後諸盩已前爲諸侯者后稷雖
不諡爲王以其爲始祖故祫祭在焉從先王例也
注尸當至生時　釋曰尸服卒者之上服士虞記文
鄭引之者欲見天子已下凡尸皆服死者大斂之遺
衣其不服者以爲奠衣服者以鄭云象生也既言卒
者上服則先王之尸服衮冕先公之尸服鷩冕也若
然士爵弁以助祭〻宗〻廟服玄端而士虞特牲尸不

不服爵弁者爵弁是助祭諸侯廟中乃服之士尸還
在士廟故尸還服玄端為上服也曾子問云尸弁冕
而出卿大夫士皆下之注云弁冕者君之先祖或有
為大夫士者則是先君之先祖為士尸服卒者上服
不服玄端而服爵弁者爵弁本以助祭在君廟君先
祖雖為士今為尸還在君廟中故服爵弁不服玄端
其廟至堊之　注廟祭至之堊　釋曰云廟祭此
廟也者凡廟舊皆脩除黝堊祭更脩除黝堊示新之
斯也今將祭而云脩除知祭此廟也云祧祭遷主者
以遷主藏於祧故也案上司尊彝有追享鄭云追祭

遷廟之主謂禱祈則此祭遷主謂也云有司宗伯也者以其宗伯主立國祀又沿滌濯脩除亦是絜靜之事故知有司是宗伯為之云脩除黝堊互言之者鄭以二者廟祧並有而經廟直言脩除祧直言黝堊故互而通之明皆有也以鄭云有司恒主脩除祧亦脩除之守祧恒主黝堊廟亦黝堊之先鄭讀黝為幽〻是北方〻〻其色黑欲見地謂之幽取黑義也知堊是白者以其堊與幽黑白相對故知堊是白即掌蜃之白盛之蜃故引爾雅證之　既祭至其服　注鄭司至依神　釋曰案特牲少牢及曾子問皆有墮祭

同

之事今先鄭以隋爲神前沃灌器故鄭不從也玄謂
隋尸所祭肺脊黍稷之屬者案特牲禮祝命挼祭尸
取菹挼于醢祭于豆間佐食取黍稷肺祭授尸尸祭
之注云肺祭刌肺是其隋者彼不言脊似誤所以誤
有脊者特牲禮云佐食舉肺脊以授尸尸受振祭嚌
之是以於此誤有脊但彼是尸食而舉者故有脊此
隋祭不合有也云藏之以依神者此義與祭地埋之
同故依神也　世婦至其具注女宫至具也　釋曰
此世婦是宫卿之官也言女宫刑女給宫中之事者
古者從坐男女沒入縣官男子爲奴隸女子入宫給

使役故云刑女也云宿戒當給事豫告之齋戒也者此亦祭前十日戒之使齋祭前三日又宿之故宿戒並言知比具所濯摡及粢盛之爨者濯摡粢盛皆婦人之事二十七世婦職云帥女宮而濯摡為齍盛儀禮特牲云主婦視饎爨饎爨亦女宮之事故知也先鄭云庀具也者先鄭周禮內有比皆為庀具釋之

詔王后之禮事　注薦徹之節　釋曰知此詔王后之禮事是薦徹之節者見外宗云佐王后薦徹故知詔告是薦徹籩豆之節

帥六至齍盛　注帥世婦女御　釋曰知帥六宮之人是世婦女御者案二十

七世婦職云帥女宫爲齍盛女御職云凡祭祀贊世婦鄭注云助其帥涖女宫是以知齍盛世婦女御之事也　相外至礼事　注同姓至后者　釋曰鄭以同姓異姓之女有爵以解外内宗者序官云内宗凡内女之有爵者是同姓之女有爵又云外宗凡外女之有爵者是異姓之女有爵故知之也知相是佐后者外宗云佐后薦徹豆籩内宗云及以樂徹則佐傳豆籩注云佐外宗故知外内宗轉相佐后此官相之也　大賓至如之　釋曰賓客饗食王后亦有助王礼賓之法故内宰凡賓客之祼獻瑤爵皆贊注云謂

王同姓及二王之後來朝覲為賓客者祼之禮亞王
而禮賓獻謂王饗燕亞王獻賓也瑤爵所以亞王酬
賓也是其饗有后事也彼不言食〻之禮亦當有后
助王之事故此言之也　注此帥至事同　釋曰此
揔說上文四經所云比帥詔相言雖不同其事則同
故云亦如之耳　大喪至罰之　釋曰大喪謂王喪
〻〻則殯後有朝夕哭事外命婦朝廷卿大夫士之
妻內命婦九嬪已下以尊卑為位而哭而有不敬者
則呵責罰之　凡王至詔相　注鄭司至堂上　釋
曰先鄭云謂爵婦人者此經自以為一義不連上大

喪之事言爵婦人者天子命其臣后亦命其婦是爵
命婦人也言王后有拜事於婦人謂受爵命之時有
拜謝王后也後鄭不從者上言大喪下言后之拜事
則所拜者爲大喪而拜故引喪大記爲證但喪大記
所云者是諸侯之喪主人拜寄公於門西夫人亦拜
寄公夫人於堂上其寄公與人體敵故也明知天子
之喪世子亦拜二王後於堂下后亦拜二王後夫人
於堂上可知是以僖公二十四年左氏傳云宋公過
鄭々伯問礼於皇武子々々對曰宋於周爲客天子
有事膰焉有喪拜焉謂王喪二王後來奔嗣王拜之

明二王後夫人來弔后有拜法若然二王後夫人得
有赴王喪者或夫人家在畿内來歸寧值王喪則得
赴也　凡内至掌之　注主通至共授　釋曰王后
六宮之内有徵索之事須通達於外官者世婦宮卿
主通之使相共給付授之也　内宗至豆籩　釋曰
婦人無外事惟有宗廟祭祀薦加豆籩以豆籩是婦
人之事故薦之　注加爵至豆籩　釋曰鄭知加豆
籩是加爵之豆籩者以其食後稱加特牲少牢食後
三獻為正獻其後皆有加爵今天子礼以尸既食后
亞獻尸為加此時薦之故云加爵之豆籩即醢人籩

人加豆加籩之實是也　及以至豆籩　注佐傳佐
外宗　釋曰鄭知佐外宗者見外宗云佐王后薦玉
豆籩故云佐外宗也但豆籩后於神前徹之傳與外
宗外宗傳與内宗内宗傳與外者故知佐傳也　賓
客至如之　釋曰饗食賓客俱在廟饗食訖徹器與
祭祀同亦后徹外内宗佐傳故云亦如之　王后有
事則從　釋曰内宗於后有事皆從故於此揔結之
也　大喪序哭者　注次序至哭王　釋曰知次序
外内宗者見外宗云大喪則叙外内朝莫哭者故知
所次序有外内宗也知有命婦者上世婦職已云大

喪比外内命婦之朝莫哭者故序哭中有命婦也
哭諸侯亦加之　釋曰此諸侯来朝薨於王国王為
之緦衰者也若檀弓云以爵弁純衣哭諸侯彼謂薨
於本国王遥哭之則婦人不哭之婦人無外事故也
凡卿至吊臨　注王后至夫云　釋曰云王后吊
臨諸侯而已是以言掌卿大夫云者諸侯為賓王后
吊臨之卿大夫已臣輕故王后不吊故遣内宗掌吊
臨之事明為后掌之若然天官世婦云掌吊臨于卿
大夫之喪者彼為王故彼注云王使往吊也此后不
吊臨大夫之喪案喪大記諸侯夫人吊臨卿大夫者

諸侯臣少故也　外宗至如之　釋曰云佐王后薦玉豆者凡王之豆籩皆玉飾之餘文豆籩不云玉者文略皆有玉可知若然直云薦豆不云籩者以豆云玉略籩不言義可知也云眡豆籩者謂在堂東未設之時眡其實也云及以樂徹亦如之者亦佐后也循仍有内宗佐傳也　王后至則贊　釋曰羞進也齍黍稷也后進黍稷之時依樂以進之言則贊者亦佐后進之案九嬪職云凡祭祀贊玉齍贊后薦徹豆籩則薦徹俱言玉齍玉敦盛黍稷言贊不言徹則后薦而不徹也其徹諸官為之故楚茨詩云諸宰君婦廢

徹不遅黍稷宰徹之若然豆籩與齍此官已贊九嬪
又贊者以籩豆及黍稷器多故諸官共贊　凡王至
如之注獻々酒於尸　釋曰云獻々酒於尸者則朝
餞饋獻及酳尸以食後酳尸亦是獻々中可以兼之
亦贊可知也　王后至宗伯　注后有至其事　釋
曰案宗伯云凡大祭祀王后不與則攝而薦徹豆籩
若然宗伯非直攝其祼獻而已於后有事豆籩及簠
簋等盡攝之耳　小祭至如之　注小祭至宮中
釋曰知小祭祀謂在宮中者以其后無外事故知謂
宮中々々小祭祀則祭法王立七祀々々之中行中

霤司命大厲是外神后不與惟有門戶竈而已案小司徒云小祭祀奉牛牲注云小祭祀王玄冕所祭者彼兼外神故以玄冕該之也云賓客之事亦如之者饗食亦掌事如小祭祀也　大喪至如之　注内至命婦　釋曰經直云外内鄭云内外宗及外命婦則内中以兼外外宗外中不兼内命婦也經不云内外宗内外命婦者意欲見内是内宗舉内以見外其外中則不得舉外以見内以其内命婦九嬪敘之也故九嬪職云大喪帥敘哭者注云后哭衆乃哭是内命婦九嬪敘之故鄭亦不言内命婦也　冢人至左右

注公君至東西　釋曰訓公爲君者言公則諸

爲尸　釋曰後鄭知此祭墓爲禱祈者上文遂爲尸是墓新成祭后土此文云凡非一故知謂禱祈也先鄭云爲尸冢人爲尸者上文祭墓謂始穿地時此文據成墓爲尸後鄭以此亦得通一義故引之在下是以禮記檀弓云有司舍奠於墓左彼是成墓所祭亦引此凡祭墓爲尸證成墓之事也　凡諸至其禁　釋曰上文惟見王及子孫之墓地不見同姓異姓諸侯之墓地故此經揔見之

若然此墓地舊有兆域今新死者隨即授之耳　墓大夫至之圖　注凡邦至葬地　釋曰鄭知邦中之墓地是万民葬地者以其冢人掌王墓地下文云令国民族葬非有爵者故知經邦墓是万民若然下云掌其度數鄭云度數爵等之大小而見有爵者謂本為庶人設墓其有子孫為卿大夫士其葬不離父祖故兼見卿大夫夫士也　令国民族葬　注族葬各從其親　釋曰經云族葬則據五服之内親者共為一所而葬異族即别塋知族是五服之内者見左傳哭諸侯之例云異姓臨於外同姓於宗廟同宗於祖

廟同族於禰廟故知族是服内是以鄭云各從其親也　正其至度數　注位謂至大小　釋曰凡万民墓地亦如上文豫有昭穆爲左右故云正其位云度數爵等之大小者亦如冢人云丘封之度與其樹數也　使皆有私地域　注古者至相容　釋曰知古者墓地同處者上文云族葬是同處云使相容者釋經私地域也　帥其至守之　釋曰云帥其屬者墓大夫帥下屬官也云巡墓厉者謂墓大夫帥其屬巡行遮列之處云居其中之室以守之者謂万民墓地族葬地中央爲室而万民各自守之注鄭云官寺寺

則室也　職喪至其事　釋曰言諸侯者謂畿内王
子母弟得稱諸侯者若司裘云諸侯共熊侯豹侯者
也言凡有爵者還是卿大夫士言凡以該之耳云序
其事者謂若襲斂殯葬先後之事　注国之至葬也
釋曰云國之喪礼喪服士喪既夕士虞今存者此
據儀礼之内見在者而言故云今存者但士喪礼始
死時事既夕葬時事士虞葬訖及日中而虞事也云
其餘則亡者但儀礼本事義三千條其時有天子諸
侯卿大夫士喪與既夕及虞卒哭與祔小祥大祥礼
皆有遭暴秦而亡漢興惟得十七篇高堂生所傳即

今儀禮是也故云其餘則亡云事謂小斂大斂葬也
者舉大事而言其閒仍有襲事亦掌之下文別見祭
故此不兼也　凡國至主人　注有事至命往　釋
曰知有事謂含襚贈賵之屬者春秋云王使榮叔歸
含且賵又兩小傳皆言衣被曰襚貨財曰賻車馬曰
賵珠玉含明知有含襚賻賵之屬又案士喪禮兼有
贈贈無常惟翫好是也不言賻者賻施於生者故亦
不言也先鄭云凡國謂諸侯國有司謂王有司也後
鄭不從者下文云公有司豈得公分之為諸侯有司
為王有司乎明此國有司亦不得分之也故後鄭云

國有司有司從王國以王命往向喪家者也　凡至其礼　釋曰喪祭餘文皆爲虞此言凡者以其喪中自相對則虞爲喪祭卒哭爲吉祭若對二十八月爲吉祭則祥禫已前皆是喪祭故言凡以該之是以鄭亦不言喪祭爲虞也　云治其礼者案大宗伯亦云治其礼鄭云謂簡習其事此治其礼義亦然也　注鄭司至祝之　釋曰先鄭云號謂謚號後鄭不從者小宗伯云小喪賜謚讀誄不在此故後鄭云告以牲號齍號之屬當以祝之有牲號齍號謂若特牲少牢云柔毛剛鬣嘉薦普淖皆是祝辭故云當以祝之也

凡公至其事　注令至曰公釋曰云令令其當供物
者給事之期也者此謂諸官依法合供給喪家者不
待王命職喪依式令之使相供云有司或言公或言
國言國者由其君所來者解稱國之意君則王也云
居其官曰公者謂不須王命自居其官之職往供則
曰公亦謂官之常職也

周禮疏卷第二十四

# 周禮疏卷第二十五

唐朝散大夫行大學博士弘文館學士臣賈公彥等撰

大司樂至弟焉　釋曰云掌成均之法以治建國之學政者成均五帝學名建立也周人以成均學之舊法式以立國之學內政教也云而合國之子弟焉者大司樂合衆國子弟將此以教之　注鄭司至之宮　釋曰先鄭云均調也樂師主調其音大司樂主受此成事已調之樂者案樂師惟教國子小舞大司樂教國子大舞其職有異彼樂師又無調樂音之事而先鄭云樂師主調其音大司樂主受其成事義理不

可且董仲舒以成均為五帝學故依而用之云謂董仲舒云成均五帝之學者前漢董仲舒作春秋繁露繁多露潤為春秋作義潤益處多彼云成均五帝學也云成均之法者其遺礼可法者鄭見經掌成均之法者其遺礼可法者鄭見經掌成均之法即是有遺礼可法效乃可掌之故知有遺礼也云國之子弟公卿大夫之子弟當學者謂之国子者案王制云王大子王子公卿大夫元士之適子国之俊選皆造焉此不言王大子王子與元士之子及俊選者引文不具此云弟者則王子是也自公已下皆適子乃得入也

云文王世子曰於成均以及取爵於上尊者案彼文上云或以德進或以事舉或以言揚又云曲藝皆誓之以待又語三而一有焉乃進其等注云進於衆學者又云以其序謂之郊人遠之於成均以及取爵於上尊也彼鄭注云董仲舒曰五帝名大學曰成均則虞庠近是也天子飲酒於虞庠則郊人亦得酌於上尊以相旅鄭引之者證成均是學意若如先鄭以義解之何得於中飲酒故知先鄭之義非也云然則周人立此學之宮者即虞庠之學是也若然案王制有虞氏名學爲上庠下庠至周立小學在西郊者曰虞

庠堯已上當代學亦各有名無文可知但五帝揔名
成均當代則各有别稱謂若三代天子學揔曰辟雍
當代各有異名也　凡有至瞽宗　注道多至宫中
釋曰經直言道鄭知是多才藝者以其云道通物之
名是已有才藝通教於學子故知此人多才藝耳但
才藝與六藝少别知者見雍也云求也藝鄭云藝多
才藝又憲問云冉求之藝文之以礼樂〃〃既是六
藝明上云藝非六藝也此教樂之官不得以六藝解
之故鄭云道多才藝也云德能躬行者案師氏注德
行外内之稱在心為德施之為行彼釋三德三行為

外內此云德能躬行則身內有德又能身行尚書傳説云非知之艱行之惟艱則此人非直能知亦能身行故二者皆使教焉死則以爲樂之祖神而祭之先鄭云瞽樂人者序官上瞽中瞽下瞽皆是瞽矇掌樂事故云瞽樂人樂人所共宗也云或曰祭於瞽宗祭於廟中者此説非故引明堂位爲證是殷學也祭樂祖必於瞽宗者案文王世子云春誦夏弦大師詔之瞽宗以其教樂在瞽宗故祭樂祖還在瞽宗彼雖有學干戈在東序以誦弦爲正文王世子云礼在瞽宗書在上庠鄭注云學礼樂於殷之學功成治定與已

同則學礼樂在瞽宗祭礼先師亦在瞽宗矣若然則
書在上庠書之先師亦祭於上庠其詩則春誦夏弦
在東序則祭亦在東序也故鄭注文王世子云礼有
高堂生樂有制氏詩有毛公書有伏生億可以為之
也是皆有先師當祭可知也祭義云祀先賢於西學
所以教諸侯之德是天子親祭之不見祭先聖者文
不備祭可知　以樂至孝友釋曰此必使有道有德
者教之此是樂中之六德與教万民者歩别　注中
猶至曰友　釋曰此六德其中和二德取大司徒六
德之下孝友二德取大司徒六行之上其祗庸二德

興彼異自是樂德所加也云中猶忠也和剛柔適也
注大司徒與此同祗敬庸有常也並訓而見其義也
善父母曰孝善兄弟曰友爾雅釋親文也　以樂至
言語　注興者至曰語　釋曰此亦使有道有德教
之云興者以善物喻善事者謂若老狼興周公之輩
亦以惡物喻惡事不言者鄭舉一邊可知云道讀曰
導者取導引之義故讀從之云導者言古以剴今也
者謂若詩陳古以刺幽王厲王之輩皆是云倍文曰
諷者謂不開讀之云以聲節之曰誦者此亦皆背文
但諷是直言之無吟詠誦則非直背文又為吟詠以

聲節之為異文王世子春誦注誦謂歌樂歌樂即詩
也以配樂而歌故云歌樂亦是以聲節之襄二十九
年季札請觀周樂而云為之歌齊為之歌鄭之等亦
是不依琴瑟而云歌此皆是徒歌曰謠亦得之歌若
依琴瑟謂之歌即毛云曲合樂曰歌是也云發端曰
言荅述曰語者詩公劉云于時言言于時語々毛云
直言曰言荅述曰語許氏說文云直言曰論荅難曰
語論者語中之別與言不同故鄭注雜記云言言己
事為人說為語　以樂至太武　釋曰此大司樂所
教是大舞樂師所教者是小舞案內則云十三舞勺

成童舞象舞象謂戈皆小舞又云二十舞大夏即此
六舞也特云大夏者鄭云樂之文武中其實六舞皆
樂也保氏云教之六樂二官共教者彼教以書此教
以舞故共其職也　注此周至武功　釋曰案下文
以六舞云大合樂明此舞是六代樂必知此六舞雲
門已下是黄帝堯舜夏殷周者並依樂緯及元命包
彼云雲門黄帝樂以下及堯舜等皆陳故知黄帝已
下也　云黄帝曰雲門大卷黄帝能成名万物以明民
共財者祭法文彼云百物不云万物万物即百物云
言其德如雲之所出民得以有族類者鄭釋此雲門

大卷二名云德如雲之所出解雲門云民得以有族類解大卷〻者卷聚之義即族類也故祭法云正名百物以明民是也云大咸〻池堯樂也堯能殫均刑法以儀民者祭法文彼云義終此云儀民引其義不引其文云言其德無不施者解咸池之名咸皆也池施也言堯德無所不施者案祭法注云賞〻善謂禪舜封禹稷等也義終謂既禪二十八載乃死是也云大磬舜樂也言其德能紹堯之道也者元命包云舜之民樂其紹堯之業樂記云韶繼也注云言舜能繼紹堯之德是也云大夏禹樂也禹治水傅土言其德

能大中国也者案禹貢云數土敷布也布治九州之水土是數土之事也樂記云夏大也注云禹樂名禹能大堯舜之德大中国即是大堯舜之德也元命包云禹能德並三聖德並三聖即是大堯舜之德亦一也云大濩湯樂也湯以寛治民而除其邪者亦祭法文彼云除其災即邪亦一也或本作邪也云言其德能使天下得其所也云大武〻王樂也武王伐紂以除其害者亦祭法文彼云災〻即害一也云言其德能成武功者此即克定禍亂曰武也案元命包云文王時民樂其興師征伐故曰武又詩云文王受命有

咸

此武功如是則大武是文王樂名而云武王樂者但
文王有此武功不卒而崩武王卒其伐功以誅虐紂
是武王成武功故周公作樂以文武為武王樂也案
樂記云大章〻之也注云堯樂名也周禮闕之或作
大卷又云咸池備矣注云黃帝所作樂名也堯增脩
而用之周禮曰大咸與此經注樂名不同者本黃帝
樂名曰咸池以五帝殊時不相沿樂堯若增脩黃帝
樂體者存其本名猶曰咸池則此大咸也若樂體依
舊不增脩者則改本名〻曰大章故云大章堯樂也
周公作樂更作大卷〻〻則大〻章〻名雖堯樂其體

是黃帝樂故此大卷一爲黃帝樂也周公以堯時存
黃帝咸池爲堯樂名則更與黃帝樂立名今曰雲
門則雲門與大卷爲一名故下文分樂而序之更不
序大卷也必知有改樂名之法者按條牒論云班固
作漢書高帝四年作武德之樂又云高帝廟中奏武
德文始注云舜之韶舞名秦始皇二十六年改名五
行舞注云五行本周舞高帝六年改名文始五行之
舞案此知有改樂之法也案孝經緯云伏犧之樂曰
立基神農之樂曰下謀祝融之樂曰屬續又樂緯云
顓頊之樂曰五莖帝嚳之樂曰六英注云能爲五行

之道立根莖六英者六合之英皇甫謐曰少昊之樂
曰九淵則伏犧已下皆有樂今此惟存黃帝堯舜禹
湯者案易繫辭云黃帝堯舜垂衣裳鄭注云金天高
陽高辛遵黃帝之道無所改作故不述焉則此所不
存者義亦然也然鄭惟據五帝之中而言則三皇之
以
樂不存者以質故也　以六至動物　釋曰鄉來說
大司樂教國子以樂自此已下論用樂之事也云以
六律六同者此舉十二管以表其鍾樂器之中不用
管也云大合樂者據薦腥之後合樂之時用之也此
所合樂即下云若樂六變之八變若樂九變之等彼據

天下神此據正祭合樂在下神後而文退下神樂在後者以下神用一代樂此用六代々々事重故進之在上若然下神不亞合樂而隔分樂之後者以分樂序之皆用一代此三禘下神亦用一代若不隔分樂恐其相亂且使一變二變之等與分樂所用樂同故三神在下也云以致鬼神示者是據三禘而言云以和邦國已下亦據三禘之祭各包此數事故鄭引虞書以證宗廟　注六律至致應　釋曰云六律合陽聲者也六同合陰聲者也案大師云掌六律六同以合陰陽之聲是以據而言焉云此十二者以銅爲管

者案與同先鄭云陽律以竹陰律以銅後鄭云皆以銅爲與此注義同也云轉而相生已下據律歷志而言子午巳東爲上生子午已西爲下生上生爲陽々主息故三分益一下生爲陰々主減故三分去一案律歷志黄鍾爲天統律長九寸林鍾爲地統律長六寸大簇爲人統律長八寸又云十二管相生皆八々上生下生盡於中呂陰陽生於黄鍾始而左旋八々爲位者假令黄鍾生林鍾是歷八辰自此已下皆然是八々爲位蓋象八風也國語有案彼景王將鑄無射問律於伶州鳩々對曰律所以立均出度古之神

贊考中而置之以制度律均鍾百官執義鄭引之者
欲取以六律六同均之以制鍾之大小須應律同也
故鄭云言以中聲定律以律立鍾之均也云中聲謂
上生下生定律之長短度律以律計自倍半而立鍾
之均〻即是應律長短者也云大合樂者謂徧作六
代之樂者此經六樂即上六舞故知徧作六代之樂
言徧作樂不一時俱為待一代訖乃更為故云徧作
也云以冬月作之至物鬽皆神仕職文案彼注致人
鬼於祖廟致物鬽於墠壇蓋用祭天地之明月若然
此經合樂據三禘正祭天而引彼天地之小神及人

鬼在明日祭之者，但彼明且所祭小神用樂無文，彼神既多，合樂之時，當與此三禘正祭合樂同，故彼此文同稱致。但據彼正祭，祭天地大神，無宗廟之祭〻天明日兼祭人鬼，與此爲異也。云「動物羽臝之屬」者，鄭不釋邦国之等，直釋動物者，以尚書不言動物，故釋訖乃引尚書鳥獸之等證之也。虞書者，案古文在舜典，是舜祭宗廟之礼。案彼鄭注：戞，櫟也。櫟擊鳴球已下數器。鳴球即玉磬也。搏拊以韋爲之，裝之以糠，所以節樂。云「以詠」者，謂歌詩也。云「祖考來格」者，謂祖考之神來至也。云「虞賓在位」者，謂舜以爲賓，即二王

已下數器鳴球即玉磬也搏拊以韋爲之裝之以糠
所以節樂云以詠者謂歌詩也云祖考來格者謂祖
考之神來至也云虞賓在位者謂舜以爲賓即二王
後丹朱也云群后德讓者謂諸侯助祭者以德讓已
上皆宗廟堂上之樂所感也云下管鼗鼓已下謂舜
廟堂下之樂故言下云合樂用柷々狀如漆筩中有
椎揺之所以節樂敔狀如伏虎背有刻以物擽之所
以止樂云笙鏞以閒者東方之樂謂之笙々生也東
方生長之方故名樂爲笙也鏞者西方之樂謂之鏞
庸功也西方物熟有成功亦謂之頌々亦是頌其成

世从閒者堂上堂下閒代而作云鳥獸搶々者謂飛
鳥走獸搶々然而舞也云簫韶九鳳皇來儀者韶舜
樂也若樂九變人鬼可得而禮故致得來儀々匹謂
致得雄曰鳳雌曰皇來儀止巢而乘匹葉此下文六
變致象物象物有象在天謂四靈之屬四靈則鳳皇
是其一此六變彼九成者其實一六變致之而言九者
从宗廟九變為限靈鳥又難致之物故於九成而言
耳云夔又曰於予擊石拊石百獸率舞者此於下文
别而言之故云又曰夔語舜云磬有大小予擊大石
磬拊小石磬則感百獸相率而舞云庶尹允諧者庶

衆也尹正也允信也言樂之所感使衆正之官信得其諧和云此其於宗廟九奏之效應者此總言三禘大祭但天地大祭效驗無文所引尚書惟有宗廟故指宗廟而言也然尚書云祖考即此經致鬼和也虞賓即此經以安賓客群后德讓即此經邦国也鳥獸鳳皇等即此經動物也庶尹允諧即此經以諧万民以說遠人也　乃分至以祀　注分謂至之樂　釋曰此與下諸文爲惣目上惣云六無今分此六代之舞尊者用前代卑者用後代使尊卑有序故云序若然經所先云祭地後云祀天者欲見不問尊卑事起無

常故倒文以見義也　乃奏至天神　釋曰此黃鍾言奏大呂言歌者云奏據出聲見義也　乃奉至天神　釋曰此黃鍾言奏大呂言歌者云奏據出聲而言云歌據合曲而說其實歌奏通也知不言歌々據堂上歌詩合大呂之調謂之歌者春秋左氏傳云晉侯歌鍾二肆取半以賜魏絳魏絳於是有金石之樂彼據磬列肆而言是不在歌詩亦謂之歌明不據偏歌毛詩也襄四年晉侯饗穆叔云奏肆夏歌文王大明綿亦此類也　注以黃至是也　釋曰云以黃鍾之鍾大呂之聲者以經云奏々者奏擊以出聲故據

鍾而言大呂經云歌々者發聲出音故據聲而說亦互而通也言爲均者案下文云凡六樂者文之以五聲播之以八音鄭云六者言其均皆待五聲八音乃成也則是言均者欲作樂先擊此二者之鍾以均諸樂是以鍾師云以鍾鼓奏九夏鄭云先擊鍾次擊鼓論語亦云始作翕如也鄭云始作謂金奏凡樂皆先奏鍾以均諸樂也必舉此二者以其配合是以鄭云黃鍾陽聲之首大呂爲之合也言合者此據十二辰之斗建與日辰相配合皆以陽律爲之主陰呂來合者此據十二辰之斗建與日辰相配合皆以陽律爲

之主陰呂來合之是以大師云掌六律六同以合陰
陽之聲注云聲之陰陽各有合黃鍾子之氣也十一
月建焉而辰在星紀大呂丑之氣也十二月建焉而
辰在玄枵大蔟寅之氣也正月建焉而辰在娵訾應
鍾亥之氣也十月建焉而辰在析木已後皆然是其
斗與辰合也云奏之以祀天神尊之也者以黃鍾律
之首雲門又黃帝樂以尊祭尊故云尊之也云天神
謂五帝及日月星辰也者案下云若樂六變天神皆
降是昊天則知此天神非天帝也是五帝矣知及日
月星者案大宗伯昊天在禋祀中日月星在實柴中

鄭注云五帝亦用實柴之祀則日月星與五帝同科此下文又不見日月星別用樂之事故知此天神中有日月星辰可知其司中已下在槱燎中則不得入天神中故下文約與四望同樂也云王者又各以夏正月祀其所受命之帝於南郊尊之也者案易緯乾鑿度云三王之郊一用夏正郊特牲云兆日於南郊就陽位大傳云王者禘其祖之所自出以其祖配之若周郊東方靈威仰之等是王者各以夏正月祀其所受命之帝於南郊特尊之也云孝經說者說即緯也時禁緯故云說引之證與郊特牲義同皆見郊所

感帝用樂與祭五帝不異以其所郊天亦是五帝故
也　乃奏至地示　釋曰地祇卑於天神故降用大
簇陽聲第二及咸池也　注大蔟至社稷　釋曰大
蔟陽聲第二應鍾爲之合者以黄鍾之初九下生林
鍾之初六林鍾之初六上生大蔟之九二是陽聲之
第二也大蔟寅之氣也正月建焉而辰在娵訾應鍾
亥之氣也而辰在析木是應鍾爲之合也云咸池大
咸也者此云咸池上文云大咸以爲一物故云大咸
也云地祇所祭於北郊謂神州之神者以其下文若
樂八變者是崐崘大地卽知此地祇非大地也是神

州之神可知案河圖括地象云崐崘東南万五千里
曰神州是知神州之神也知祭於北郊者孝緯文以
其與南郊相對故也知及社稷者以六冕差之社稷
雖在小祀若薦祭言之大宗伯云以血祭〻社稷五
祀五嶽用血與郊同又在五嶽之上故知用樂亦與
神州同謂若日月星與五帝同也　乃奏至四望
釋曰四望又卑於神州故降用陽聲第三及用大磬
也　注姑洗至樂與　釋曰云姑洗陽聲第三南呂
爲之合者以其南呂上生姑洗之九三是陽聲第三
也姑洗辰之氣也三月建焉而辰在大梁南呂酉之

氣也八月建焉而辰在壽星是南呂為之合也云四
望五嶽四鎮四竇者以大宗伯五嶽在社稷下山川
上此文四望亦在社稷下山川上故知四望是五嶽
四鎮四竇也云此言祀者司中司命風師雨師或亦
用此樂與者以此上下更不見有司中等用樂之法
又案大宗伯天神云祀地祇云祭人鬼云享四望是
地祇而不云祭而變稱祀明經意兼容司中等神故
變文見用樂也無正文故云或與以疑之也　乃奏
至山川　注蕤賓至林鍾　釋曰云蕤賓陽聲第四
者應鍾之六三上生蕤賓之九四是陽聲第四也云

函鍾爲之合者蕤賓午之氣也五月建焉而辰在鶉
首函鍾未之氣也六月建焉而辰在鶉火是函鍾爲
之合也云函鍾一名林鍾者此周礼言函鍾月令云
林鍾故云一名林鍾也　乃奏至先妣　注夷則至
神之　釋曰案祭法王立七廟考廟王考廟皇考廟
顯考廟祖考廟皆月祭之二祧享嘗乃止不見先妣
者以其七廟外非常故不言若祭當與二祧同亦享
嘗乃止若追享自然及之矣云夷則陽聲第五者以
其大呂之六四下生夷則之九五是陽聲第五也云
小呂爲之合者以其小呂巳之氣也四月建焉而辰

在實沈夷則申之氣也七月建焉而辰在鶉尾是其合也云小呂一名中呂者此周禮言小呂月令中呂故云一名中呂也云先妣姜嫄也姜嫄履大人跡感神靈而生后稷者詩云履帝武敏歆毛君義與史記同以為姜嫄帝嚳妃履帝武敏歆謂履帝嚳車轍馬跡生后稷〻〻為帝嚳親子鄭君義依命歷序帝嚳傳十世乃至堯后稷為堯官則姜嫄為帝嚳後世妃而言履帝武敏歆者帝謂天帝也是以周本紀云姜嫄出野見聖人跡心悅忻然踐之始如有身動而孕居期生子是鄭解聖人跡與毛異也云是周之先母

實

者生民詩序云生民尊祖也后稷生於姜嫄文武之功起於后稷是周之子孫功業由后稷欲尊其祖當先尊其母故云周之先母也云周立廟自后稷為始祖姜嫄無所妃者凡祭以其妃配周立七廟自后稷已下不得更立后稷父廟故姜嫄無所妃也云是以特立廟而祭之者以其尊敬先母故特立婦人之廟而祭之云謂之閟宮閟神之者案閟宮詩云閟宮有侐實實枚枚毛云在周常閉而無事與此祭先妣義違故後鄭不從是以鄭云特立廟而祭之但婦人稱宮處在幽靜故名廟為閟宮據其神則曰閟神也若然

分樂序之尊者用前代其先妣先祖服衮冕山川百
物用玄冕今用樂山川在先妣上者以其山川外神
是自然之神先祖生時曾事通是四方各有八蜡故
知四方用樂各别也云每奏有所感致和以來之者
揔釋地祇與動之神來雖有遲疾皆由以樂和感之
云凡動物敏疾者地祇高下之甚者易致者言此欲
見先致者皆由其神易致故也云羽物既飛又走川
澤有孔竅者々此經羽物其川澤一變致之是其羽
物飛川澤有孔竅故也自樂再變已下差緩云蛤蟹
走則遲墳衍孔竅則小矣者以其墳衍在丘陵後介

物在毛物後由是走遲竅小故也云是其舒疾之分
者謂就此羽物以下介物以上先致者疾之分後致
者舒之分故有前後也云土祇原隰及平地之神也
者此已下說天地及四靈非直以樂兼有德民和乃
致也鄭知土祇中有原隰者案大司徒有五地山林
已下有原隰今此則經上已說川澤山林丘陵及墳
衍訖惟不言原隰故此土祇中有原隰可知也又土
祇中有平地者案大宰九職云一曰三農生九穀後
鄭以三農者原隰及平地之故樂用前代無嫌　乃奏
至先祖　注無射至先公　釋曰云無射陽聲之下

也者以其夾鍾之六五下生無射之上九是陽聲之下也云夾鍾爲之合者以其夾鍾卯之氣也二月建卯而辰在降婁無射戌之氣也九月建戌而辰在大火亦是其合也云夾鍾一名圜鍾者下文云圜鍾爲宮是一名圜鍾也云先祖謂先王先公者鄭據司服而言但司服以先王先公服異故別言此則先王先公樂同故合說以其俱是先祖故也　凡六至八音

注六者至之播　釋曰云六者言其均也謂若黄鍾爲宮自與已下徵商羽角等爲均其絲數五聲各異也或解以爲均謂樂器八音之等若然何得先云

言其均始云皆得五聲八音乎明言其均者以為六者各據為首與下四聲為均故云皆得五聲八音乃成也云播之言被也者謂若光被四表是取被及之義也子春云播為后稷播百穀之播者讀從詩云其始播百穀是后稷之事也　凡六至天神　釋曰此一變至六變不同者據難致易致前後而言案大司徒五地之物生動植有此俱言動物不言植物者據有情可感者而言也　注變猶至不失　釋曰云變猶更也者燕禮云終尚書云成此云變孔注尚書云九奏而致不同者凡樂曲成則終變更也終則更奏

各據終始而言是以鄭云樂成則更奏也云此謂大蜡索鬼神而致百物者案郊特牲云蜡也者索也歲十二月合聚百物而索饗之也鄭云歲十二月周之正數謂建亥之月也五穀成於神有功故報祭之鄭必知此據蜡祭者此經惣祭百神與蜡祭合聚万物之神同故知蜡也云六奏樂而礼畢者下云若樂六變則天神皆降此經亦六變致天神故云六奏樂而礼畢也云東方之祭則用大簇云云此鄭知四方各別祭用樂不同者以郊特牲云八蜡以記四方又云四方年不順成八蜡不通順成之方其蜡乃通以其

生九穀故知此土祇中非直有原隰亦有平地之神也若然不言原隰而云土祇者欲見原隰中有社稷故鄭君駮異義云五變而致土祇土祇者五土之揔神謂社是以變原隰言土祇郊特牲云社祭土而主陰氣是社稱土祇故鄭云土神也云象物有象在天所謂四靈者以其天神同變致之象者有形象在天物者與羽蠃等同稱物故知有象在天四靈等也云天地之神四靈之知者天則天神地則土祇故云天地之神四靈之知也云非德至和則不至者欲見介物已上皆以樂和感之未必由德此天地四靈非直

須樂要有德至和乃致之也云禮運已下者欲見象物則彼四靈也云何謂四靈者記人自問自荅案彼注云淰之言閃也言魚鮪不閃閃畏人也獝狘飛走之貌二者皆據魚鮪不淰不可於龜更言魚鮪以龜知人情故變言人情不失也案大司徒山林宜毛物川澤宜鱗物丘陵宜羽物墳衍宜介物原隰宜贏物此經則以羽物配川澤贏物配山林鱗物配丘陵毛物配墳衍介物配土祇與大司徒文不類者彼以所宜而言此據難致易致而說故文有錯綜不同也案月令孟冬云祈來年於天宗鄭注云此周禮所謂蜡

也天宗日月星鄭以月令祈於天宗謂之蜡則此天
神亦是日月星辰非大天神以蜡祭所祭衆神祭卑
不可援尊地神惟有土祇是以知無天地大神也又
又尚書云簫韶九成鳳皇來儀九成乃致象物者鄭
以儀爲匹謂此樂而孚來匹故九變乃致此直據致
其神故與大天神同六變也　凡樂至禮矣　釋曰
此三者皆用一代之樂類上皆是下神之樂列之在
下文者以分樂而序之據天地之次神故陳彼天地
已下之神并蜡祭訖乃列陳此三禘恐與上雜亂故
也言六變八變九變者謂在天地及廟庭而立四表

舞人從南表向第二表為一成一成則一變從第二至第三為二成從第三至北頭第四表為三成舞人各轉身南向於北表之北還從第一至第二為四成從第二至第三為五成從第三至南頭第一表為六成則天神皆降若八變者更從南頭北向第二為七成又從第二至第三為八成地祇皆出若九變者又從第三至北頭第一為九變人鬼可得礼焉此約周之大武象武王伐紂故樂記云且夫武始而北出再成而滅商三成而南四成而南國是疆五成而分陝周公左召公右六成復綴以崇其餘大護已上雖無

減省之事但舞人須有限約亦應立四表以與舞人為典別也禮天神必於冬至禮地祇必於夏至之日者以天是陽地是陰冬至一陽生夏至一陰生是以還於陽生陰生之日祭之也至於郊天必於建寅者以其郊所感帝以祈穀實取三陽交生之日万物出地之時若然祭神州之神於北郊與南郊相對雖無文亦應取三陰交生之月万物秀實之時也言圜丘者案爾雅土之高者曰丘取自然丘圜者象天圜既取丘之自然則未必要在郊無問東西與南北方皆可地言澤中方丘者因高以事天故於地上因下以

事地故於澤中取方丘者水鍾曰澤不可以水中設祭故亦取自然之丘方象地方故也宗廟不言時節者天地自相對而言至此宗廟無所對謂祫祭也但殷人祫於三時周礼惟用孟秋之月為之則公羊云大事者何大祫也毀廟之祖陳于大祖未毀廟之主皆升合食于大祖是也天用雲門地用咸池宗廟用大韶者還依上分樂之次序尊者用前代卑者用後代為差也宗廟用九德之歌者以人神象神生以九德為政之具故特異天地之神也天地及宗廟並言皆降皆出皆至者以祭尊可以及卑故礼記云大報

天而主日配以月是其神多故云皆也天神六變地祇八變人鬼九變者上文四變已上所致有先後者動物據飛走遲疾地神有孔竅大小其土祇及天神有靈智故據至德至和乃可以致今此三者六變已上則據靈異而言但靈異大者易感小者難致故天神六變人鬼九變也　注此三至之誤　釋曰云此三者皆禘大祭也者案爾雅云禘大祭不辨天神人鬼地祇則皆有禘稱也祭法云禘黄帝之等皆據祭天於圜丘大傳云王者禘其祖之所自出據夏正郊天論語禘自既灌據祭宗廟是以鄭云三者皆禘大

祭也云天神則主北辰地祇則主崐崘人鬼則主后稷者此三者則大宗伯云祀之享之祭之又大宰云祀大神祇及大享亦一也三者恒相將故鄭據此三者之神也云先奏是樂以致其神者致神則下神也用之禮凡祭祀皆先作樂下神乃薦獻薦獻訖乃合樂也云礼之以玉而祼焉乃後合樂而祭之者云礼之以玉據天地而祼焉據宗廟以小宰注天地大神至尊不祼又玉人典瑞宗伯等不見有宗廟礼神之玉是以知礼之以玉據天地則蒼璧礼天黄琮礼地是也而祼焉據宗廟肆獻祼是也云大傳曰王者必

禘其祖之所自出者謂王者皆以建寅之月郊所感生帝還以感生祖配之若周郊以后稷配之也引之者證郊與圜丘俱是祭天之禘郊之禘以后稷配圜丘禘以嚳配故引祭法禘嚳而郊稷為證云圜鍾夾鍾也者即上文夾鍾也云夾鍾生於房心之氣至明堂者案春秋緯文耀鉤及石氏星經天官之注云房心為天帝之明堂布政之所出又昭十七年冬有星孛於大辰公羊傳云大辰者何大火也大火為大辰伐為大辰北辰亦為大辰夾鍾房心之氣為大辰天之出日之處為明堂故以圜鍾為天之宮云函鍾林

鍾也者月令謂之林鍾是也云林鍾生於未之氣未
坤之位者林鍾在未八卦坤亦在未故云坤之位云
或曰天社在東井輿鬼之外者案星經天社六星輿
鬼之南是其輿鬼外也天社坤位皆是地神故以林
鍾為地宮也云黃鍾生於虛危之氣者以其黃鍾在
子子上有虛危故云虛危之氣也云虛危為宗廟者
案星經虛危主宗廟故為宗廟之宮也云以此三者
為宮用聲類求之者若十二律相生終於六十即以
黃鍾為首終於南事今此三者為宮各於本宮上相
生為角徵羽麤細須品或先生後用或後生先用故

云聲類求之也云天宮夾鍾陰聲其相生從陽數者
其夾鍾與無射配合之物夾鍾是呂陰也無射是律
陽也天是陽故宮後歷八相生還從陽數也云無射
上生中呂中呂與地宮同位不用也者地宮是林鍾
林鍾自與蕤賓合但中呂與林鍾同在南方位故云
同位以天尊地卑故嫌其同位而不用之也中呂上
生黃鍾〻〻為角也黃鍾下生林鍾林鍾地宮又不
用亦嫌不用也林鍾上生太蔟太蔟為徵也太蔟下
生南呂與無射同位又不用南呂上生姑洗姑洗為
羽祭天四聲足矣地宮林鍾林鍾上生太蔟太蔟為

角大蔟下生南呂南呂爲羽先生後用也南呂上生
沽洗〻〻爲徵後生先用四聲足矣人宮黄鍾〻〻
下生林鍾〻〻爲地宮又避之不取也林鍾上生大
蔟爲徵先生後爲用也大蔟下生南宮南呂與天宮
之陽同位又避之南呂上生沽洗〻〻南呂之合又
避之沽洗下生應鍾〻〻爲羽應鍾上生蕤賓蕤賓
地宮之陽以林鍾是地宮與蕤賓相配合故又避之
蕤賓上生大呂大呂爲角以絲多後生先用也四聲
足矣凡言不用者卑之凡言避之者尊之天宮既從
陽數故於本宮之位人地皆不避之至於南呂沽洗

合地於天雖有尊卑體敵之義故用沽洗天宮之陽所合但人於天尊卑隔絶故避沽洗天宮之陽所合也鄭必知有避之及不用之義者以其天人所生有取有不明知之不取者是嫌不用人鬼不敢者是尊而避之也云凡五聲宮之所生濁者為角清者為徵羽者此揔三者宮之所生以其或先生後用謂若地宮所生沽洗為徵後生先用南呂為羽先生後用人宮所生大呂為角後生先用大蔟為徵先生後用以其後生絲多用角先生絲少用徵故云凡宮之所生所生濁者為角清者為徵羽也云此樂無商者祭尚

柔商堅剛也者此經三者皆不言商以商是西方金
故云祭尚柔商堅剛不用若然上文云此六樂者皆
文之以五聲並據祭祀而立五聲者凡音之起由人
心生單出曰聲雜比曰音泛論樂法以五聲言之其
實祭無商聲鄭司農云雷鼓雷鼗皆六面靈鼓靈鼗
皆四面路鼓路鼗皆兩面者以此三者皆祭祀之鼓
路鼗不合與晉鼓等同兩面故後鄭不從也云九德
之歌春秋傳云云此文七年趙宣子曰勸之以九歌
九功之德皆可歌也謂之九歌六府三事謂之九功
水火金木土穀謂之六府正德利用厚生謂之三事

注云正德人德利用地德厚生天德此本尚書大禹謨之言賈服與先鄭並不見古文尚書故引春秋也玄謂雷鼓已下八面六面四面者雖無正文以鼓鼓晉鼓等非祭祀鼓皆兩面宗廟尊於晉鼓等故知加兩面爲四面祭地尊於宗廟故知更加兩面爲六面祭天又尊於祭地知更加兩面為八面是以不從先鄭也云孤竹〻特生者謂若嶧陽孤桐云孫竹〻枝根之末生者案詩毛傳云枝幹也幹即身也以其言孫若子孫然知枝根末生者云陰竹生於山北者爾雅云山南曰陽山北曰陰今言陰竹故知山北者也

雲和空桑龍門皆山名者以其禹鑿龍門見是山即
雲和與空桑亦山可知故不從先鄭雲和地名也云
九磬讀當為大韶者上六樂無九韶而有大韶故破
從大韶也凡樂至展之　釋曰凡樂事言凡語廣則
不徒大祭祀而已而直言大祭祀者舉大祭祀而言
其實中祭祀亦宿縣也但大祭祀中有天神地祇人
鬼中小祭祀亦宿縣至於饗食燕賓客有樂事亦兼
之矣言宿縣者宿於前宿豫縣之遂以聲展之者謂
相扣使作聲而展省聽之知其完否善惡也　王出
至昭夏　釋曰云王出入者據前文大祭祀而言王

出入謂王將祭祀初入廟門升祭訖出廟門皆令奏王夏也尸出入謂尸初入廟門及祭祀訖出廟門皆令奏肆夏牲出入者謂二灌後王出迎牲及爓肉與體其大豕是牲出入皆令奏昭夏先言王次言尸後言牲者亦祭祀之次也　注三夏皆樂章名　釋曰此三夏即下文九夏皆是詩〻與樂爲篇章故云樂章名也　帥國子而舞　注當用至以往　釋曰凡興舞皆使國之子弟爲之但国子人多不必一時皆用當處代而去故選當用者帥以往爲舞之處也

大饗至祭祀　釋曰凡大饗有三案禮器云郊血大

饗食牲鄭云大饗食祫祭先王一也彼又云大饗尚腶脩謂饗諸侯來朝者二也曲礼下云大饗不問卜謂揔饗五帝於明堂三也此經云大饗與郊特牲大饗尚腶脩為一物言不入牲謂饗亦在廟其祭祀則君牽牲入殺今大饗亦在廟諸侯其牲在廟門外殺因即烹之升鼎乃入故云不入牲也　注大饗至肆夏釋曰鄭知此大饗是饗賓客者以其不入牲若祭祀大饗牲當入故知饗賓客諸侯來朝者也云其他謂王出入賓客出入亦奏王夏肆夏者則據賓客與尸同奏肆夏案礼器云大饗其王事與又云其出也肆

夏而送之鄭注云肆夏當為陔夏彼賓出入奏肆夏
與此大饗賓出入肆夏同而破肆夏為陔夏者彼鄭
注大饗為祫祭先王祭未有燕而飲酒有賓醉之法
與鄉飲酒賓醉而出奏陔夏同故破肆夏為陔夏此
大饗々諸侯来朝則左傳云饗以訓恭儉設几而不
倚爵盈而不飲獻依命數賓無醉理故賓出入奏肆
夏與尸出入同也　大射至騶虞　釋曰大射謂將
祭祀擇士而射於西郊虞庠學中王有入出之時奏
王夏及射奏騶虞之詩為射節　注騶虞至為節
釋曰云騶虞樂章名在召南之卒章者召南卒章云

一發五豝干嗟乎騶虞以言君一發其矢虞人驅五豝獸而來喻得賢者多故下樂師注引射義云騶虞者樂官備也是故天子以備官爲節是也　詔諸至矢舞　釋曰此諸侯等朝將助祭預天子大射之時則司樂詔告諸侯射之舞節　注舞謂至之義　釋曰案大射云命三耦取弓矢於次三耦皆次第各與其耦執弓搢三挾一个向西階前當階揖升揖當物揖射訖降揖如升射之儀是其舞節也　王大至錞鼓　注大食至勸也　釋曰鄭知大食朔月加牲者案玉藻天子諸侯皆朔月加牲體之事又知月半者

此無正文約士喪禮月半不殷奠則大夫已上有月
半殷奠法則知生人亦有月半大食法既言大食令
奏若凡常日食則大司樂不令奏鐘鼓亦有樂侑食
矣知日食有樂者案膳夫云以樂侑食是常食也
王師至愷樂　注大獻至于晉　釋曰案鄭志趙商
問大司馬云師有功則愷樂獻于社春官大司樂云
王師大獻則令奏愷樂注云大獻〻捷於祖不達異
意荅曰司馬云師大獻則獻社以軍之功故獻於社
大司樂宗伯之屬宗伯　主於宗廟之礼故獻於祖也
云愷樂獻功之樂者則晉之振旅愷是也故取先鄭

所引於下案僖二十八年晉敗楚於城濮晉振旅愷以入于晉是所據也　凡日至去樂　注四鎮至可知　釋曰鄭知四鎮山之重大者以職方九州各有鎮山皆曰其大者以爲一州之鎮故云山之重大者也但五州五鎮得入嶽名餘四州不得嶽名者仍依舊爲鎮號故四鎮也自五嶽已下亦據職方而言以周處鎬京在五嶽外故鄭注康誥云岐鎬處五嶽之外周公爲其於正不均故東行於洛邑合諸侯謀作天子之居是西都無西嶽權立吳嶽爲西嶽爾雅嵩高爲中嶽華山爲西嶽者據東都地中而言即宗伯

注是也以嵩與華山俱屬豫州雍州無嶽名此經從見九州俱有災變之理故注據西都吳嶽爲西嶽而託耳案爾雅霍山爲南嶽案尚書及王制注皆以衡山爲南嶽不同者案郭璞注云霍山今在廬江灊縣西南灊水出焉别名天柱山武帝以衡山遼遠因讖緯皆以霍山爲南嶽故移其神於此今其土俗人皆謂之南嶽〻〻本自以兩山爲名非從近來如郭此言即南嶽衡山自有兩名若其不然則武帝在爾雅前乎明不然也案灊縣霍山一名衡陽山則與衡嶽異名實同也或可荆州之衡山亦與廬江灊縣者别

也云大怪異烖謂天地奇變若此奇變與星辰已下為德之語也云若星夜奔霣者謂若左氏云歳在星紀而淫於玄枵是其奔霣石於宋五及星霣而雨是其霣也云及震裂為害者謂若左氏云地震之類云去樂藏之也者以其樂器不縣則藏之今云去樂明知還依本藏之也云春秋傳者宣八年左氏云辛巳有事于大廟仲遂卒於垂壬午猶繹万入去籥但卿佐卒輕於正祭故辛巳日不廢正祭重於繹祭當廢之宜公不廢繹故加猶以尤之籥有聲者不入用是以公羊傳云去其有聲廢其無聲鄭荅趙商云於去

者爲廢是去者不用廢者入用即万入是也故鄭云
万言入則去者不入藏之可知以其彼云去其有聲
與此經去樂藏之同故引以爲證也　大札至弛
縣　釋曰大札疫癘則左氏傳夭昏札瘥是也大凶
則曲礼云歲凶年穀不登是也大災水火則宋大水
及天火曰災之類是也大臣死則大夫已上是也凡
國之大憂者謂若礼記檀弓云國亡大縣邑及戰敗
之類是也令弛縣謂大司樂令樂官弛帶縣之樂也
注札疫至之爲　釋曰札疫疠也者凡疫病皆疠
鬼爲之故言疫疠也云弛釋下之若今休兵鼓之爲

者樂縣在於虡釋下之與兵鼓縣之於車上休亦釋
下之義相似故舉令以況右但上文云去樂據廟中
其縣之樂去而藏之而不作也文據路寢常縣之樂
弛其縣互文以見義也去者藏之亦先弛其縣弛縣
亦去而藏之但路寢常縣故以縣言之也　凡建至
慢聲　注淫聲至不恭　釋曰經云建國謂新封諸
侯之國樂者移風易俗先當用其正樂以化民故禁
此四者也云淫聲若鄭衛也樂記文鄭則緇衣之詩
説婦人者九篇衛則三衛之詩云期我於桑中之類
是也云過聲失哀樂之節者若玉藻云御瞽幾聲之

上下〻〻謂哀樂聲入歌詩以察樂之哀樂使得哀樂之節若失哀樂之節則不可也云凶聲亡國之聲若桑間濮上者亦樂記文鄭彼注云濮水之上地有桑間者亡國之音於此之水出也又引史記昔武王伐紂師延東走自沈於濮水衛靈公朝晉過焉夜聞使師涓寫之至晉〻侯燕之謂晉平公曰寡人聞新聲為公鼓之遂使師涓鼓之晉侯使師曠坐而聽之撫而止之曰昔紂使師延作靡〻之樂武王伐紂師延東走自沉於濮水此淫聲非新聲是其義也云慢聲惰慢不恭者謂若樂記子夏對魏文侯云齊音傲

僻憍志即是情慢不恭者　大喪涖廞樂器　注涖
臨至之也　釋曰鄭知臨笙師鎛師者案笙鎛師皆
云喪廞其樂器奉而藏之故知也　云之屬者籥師亦
云大喪廞其樂器奉而藏之師干亦云大喪廞舞器
此不言之即屬中兼之也　及葬至如之　釋曰此
臨藏樂器還臨笙師鎛師等故彼皆云奉而藏之也

周禮疏卷第二十五

# 周禮正義

廿六之廿七

十六之廿七

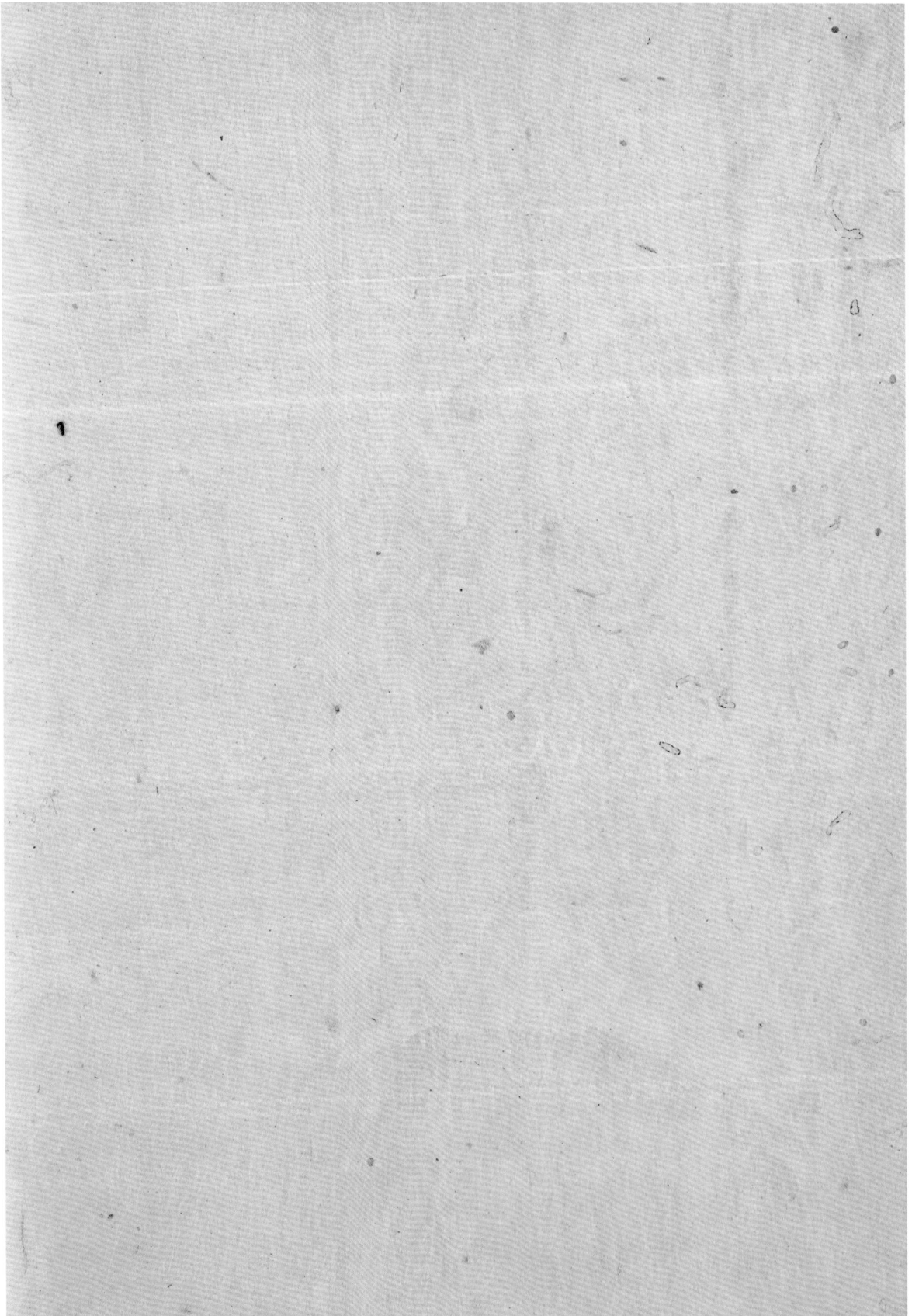

# 周禮疏卷第二十六

唐朝散大夫行大學博士弘文館學士臣賈公彥等撰

樂師至小舞　釋曰此樂師教小舞即下文帗舞已下是也此言小舞即大司樂教雲門已下爲大舞也

注謂以至大夏　釋曰云謂以年幼少時教之舞對二十已後學大舞鄭知者所引内則文是也云十三舞勺者案彼上文云十年出就外傳又云十三舞勺勺即周頌酌序云酌告成大武也言能酌先祖之道以養天下也鄭注云周公居攝六年所作是也云成童舞象者即周頌序云維清奏象舞注云象舞象

象用兵時刺伐之舞武王制焉是也此皆詩々為樂
章與舞人為節故以詩為舞也此句與象皆小舞所
用幼少時學之也云二十舞大夏者人年二十加冠
成人而舞大夏大夏夏禹之舞雖舉大夏其實雲門
已下六舞皆學以其自夏以上揖讓而得天下自夏
以下征伐而得天下夏為文武中故特舉之可以兼
前後也　凡舞至人舞　釋曰此六舞者即小舞也
若天地宗廟正祭用大舞即上分樂序之是也此小
舞案舞師　此小舞云教皇舞帥而舞旱暵之事
即皆是據祈請時所用也注故書　以皇　釋曰故書

皇作𦏺鄭司農破𦏺為皇世先鄭云帗舞者全羽者
先鄭意以司常有全羽為旞析羽為旌相對即以此
帗舞為全羽〻舞為析羽對解之後鄭帗舞不破羽
舞也云皇舞以羽冒覆頭上衣飾翡翠之羽者此後
鄭亦不從之云旄舞者氂牛之尾者案山海經云濤
侯之山有獸如牛而節有毛其名曰旄牛注云今旄
牛體脚胡尾皆有長毛故先鄭據而言之云干舞者
兵舞者此有干舞師有兵舞先鄭以干戈兵事所用
故以干舞為兵舞後鄭亦從之也云人舞者手舞者
後鄭亦從之矣自社稷以帗已下至星辰以人舞後

鄭從其三不從其四者社稷以帗依舞師辟廱以旄
以無正文後鄭從之後鄭云帗析五采繒不從司農
者若今者可以言古以漢時有靈星舞子持之而舞
故知帗舞亦析五色繒為之也云皇雜五采羽如鳳
皇色持以舞者案山海經鳳皇出丹穴山形似鶴首
文曰德背文曰義翼文曰順腹文曰信膺文曰仁又
案京房易傳云鳳皇麟前鹿後蛇頸龜背魚尾雞喙
鸞翼五采高二尺漢內鳳皇數出五色令皇舞與鳳
皇之字同明雜以五采羽如鳳皇色持之以舞故不
從先鄭以羽覆頭上衣飾翡翠之羽也云人舞無所

執以手袖爲威儀者此就足先鄭手舞手舞手舞用
袖爲威儀也云四方以羽者依舞師云宗廟以人者
雖無文宗廟是人鬼故知用人也云山川以干者干
舞即兵舞〻師云教兵舞師而舞山川之祭祀是也
旱暵以皇亦依舞師也　教樂至爲節　釋曰此王
行迎賓若春夏受贄於朝無迎法受享於廟則迎之
若秋冬一受之於廟並無迎法若饗食在廟燕在寢
則皆有迎法若然鄭此注據大寢而言則是燕時若
享食在廟則與此大寢同也　注教樂至奏樂
釋曰鄭知教王以樂出入於大寢之儀者此經先言

行後言趨文云環拜據從內向外而言是出時也禮記玉藻云趨以采薺行以肆夏先言趨後言行據從外向內是入時也樂節是同故鄭出入並言也先鄭云肆夏采薺皆樂名者案襄四年穆叔如晉晉侯饗之金奏肆夏杜亦云肆夏樂曲名案鍾師注九夏皆詩之大者載在樂章樂崩從而亡以此言之肆夏亦詩篇名先鄭云或曰皆逸詩得通一義也案玉藻注齊讀如楚茨之茨此齊讀亦從茨可知也玄謂引爾雅者行是門內趨是門外之事也案爾雅云室中謂之時堂上謂之行堂下謂之步門外謂之趨中庭謂

之走大路謂之奔但庭中走大路奔據助祭者而言
故詩云駿奔走在廟也今揔言行者謂大寢之中不
言堂下步者人之行必由堂下始與行小異大同故
略步而言其行也云然則王出既服至堂而肆夏作
者是行以肆夏出路門而采薺作是趨以采薺也云
其反入至應門路門亦如之者反入至應門即是路
門外當奏采薺也入至路門即是門内行以肆夏也
但王有五門外仍有皋庫雉三門經不言樂節鄭亦
不言故但據路門外内而言若以義量之既言趨以
采薺即門外謂之趨可揔該五門之外皆於庭中遥

奏采薺矣云此謂步迎賓客者以其言行與趨是步
迎之法可知也云王如有車出之事者則經車亦如
之是也但車無行趨之法亦於門外奏采薺門內奏
肆夏鄭知有登車於大寢西階之前反降於阼階之
前者以書傳云天子將出撞黃鍾之鍾明知出入升
降皆在階前可知出必撞黃鍾之鍾者黃鍾在子是
陽生之月黃鍾又陽聲之首陽主動出而撞之云右
五鍾者謂林鍾至應鍾右是陰陰主靜恐王大動故
以右五鍾應黃鍾是動以告靜者云入則撞蕤賓之
鍾左五鍾皆應者蕤賓在午五月陰生之月陰主靜

入亦是静故撞蕤賓之鍾左五鍾謂大吕至中吕左
是陽〻主動入静以告動也云大師於是奏樂者謂
王有此出入之時則大師於時奏此采薺肆夏之樂
曲礼云国君下卿位彼注云出過之而上車入未至
而下車彼謂諸侯礼與天子礼異不得升降於階前
也　凡射至為節　釋曰凡此為節之事有無間尊
卑人皆四矢射節則不同故射人云天子九節諸侯
七節大夫士皆五節尊卑皆以四節為乘矢拾發其
餘天子五節諸侯三節大夫士一節皆以為先以聽
先聽未射之時作之使射者預聽知射之樂節以其

射法須其體比於礼其節比於樂而中多者乃得預於祭故須預聽俎優尊者故射前節多也　注騶虞至曾孫　釋曰鄭知云騶虞采蘋采蘩首章名者以其詩為樂章故也云在国風召南者見關雎已下為周南鵲巢已下為召南三篇見在召南卷內也云唯貍首在樂記者案樂記云左射貍首右射騶虞是也案射義亦云貍首曰曾孫侯氏四正具舉小大莫處御於君所不列之者鄭略列其一以證耳云射義已下者證用此篇之義也先鄭列大射者證大師用樂節之事云間若一者謂七節五節之間緩急稀稠如

一彼諸侯礼故有樂正命大師此天子礼故樂師命
大師也云貍首曾孫者貍首是篇名曾孫章頭即燕
義所云是也　凡樂至樂政　釋曰云凡樂者謂凡
用樂之時也云掌其教事者謂陳列樂器及作之次
第皆序之使不錯謬云治其樂政者謂治理樂聲使
得其正不淫放也　凡國至鍾鼓　釋曰此小事鄭
云小祭祀之事謂王玄冕所祭則天地及宗廟皆有
鍾鼓樂師令之若大次二者之樂大司樂令之也此
小祭有鍾鼓但無舞故舞師云小祭祀不興舞是也
凡樂成則告備　注成謂至歌備　釋曰云成謂

所奏一竟之則終也所奏八音俱作一曲終則為
一成則樂師告備如是者六則六成餘八變九變亦
然故鄭引書簫韶九成為證也又引燕礼者欲見彼
諸侯燕礼大師告於樂正樂正告於賓與君此天子
祭礼亦大師於樂成之時則大師告樂師〻〻乃告
王彼據燕礼此據祭礼事節相當故引為證也　詔
來瞽臯舞　釋曰到讀之云詔瞽來謂詔告視瞭扶
瞽人來入升堂作樂也臯舞者謂號呼国子舞者使
當舞　注鄭司農至者舞　釋曰先鄭破瞽為鼓後
鄭從字或為瞽於義是但文不足後鄭增成之耳云

或曰來勑已下但瞽人無目而云勑爾瞽率爾衆工
於義不可且奏爾悲誦等似逸詩不知何從而出故
後鄭不從之玄謂詔來瞽者以來爲入案大祝云來
瞽令皐舞注云來嗥者皆謂呼之入彼來爲呼之者
以彼來上無詔字故以來爲呼之義與此無異也及
徹至歌徹　釋曰此亦文承祭祀之下亦謂祭末至
徹祭器之時樂師帥學士而歌徹但學士主舞瞽人
主歌今云帥學士而歌徹者此絶讀之然後合義歌
徹之時歌舞俱有謂帥學士使之舞歌者自是瞽人
歌雍詩也徹者主宰君婦耳　注學士至之什　釋

曰鄭云學士國子也者此學士即下大胥職云掌學士之版以待致諸子故知學士是國子〻〻即諸子是也玄謂徹者歌雍者見論語云三家者以雍徹孔子云相維辟公天子穆〻奚取於三家之堂若然要有辟公助祭并天子之容穆〻乃可用雍詩徹祭器是大夫及諸侯皆不得用雍故知此云歌徹者歌雍詩也又云雍在周頌臣工之什者從清廟已下皆周頌但此雍在臣工之什內云之什者謂聚十篇為一卷故云之什也　令相　注令視至道與　釋曰此令相之文在祭祀歌徹之下者欲見大小祭祀皆有

令相之事，故於下摠結之。鄭知「令相，令視瞭扶工」者，見《儀禮》扶工者皆稱相，以其瞽人無目，而稱工，故云「令視瞭扶工」也。先鄭引《論語》者，亦見相是扶工也。

饗食至之儀　釋曰：言「如祭之儀」者，非直序樂、令鍾鼓、令相，其中詔來鼓歌徹等皆如之。但祭祀歌雍而徹，饗食徹器亦歌雍。知者，下大師與此文皆云「大饗亦如祭祀，登歌下管」，故知皆同也。

燕射至矢舞　注射夫衆耦也　釋曰：凡射有三番。又天子六耦，畿內諸侯四耦，畿外諸侯三耦。前番直六耦、三偶等射，所以誘射故也。第二番六耦與衆耦俱射，第三番又

兼作樂經直云射夫鄭知衆耦者以其三番射皆弓
矢舞若言六耦等不兼衆耦若言衆偶則兼三耦故
鄭據衆耦而言也言執弓矢舞謂射時執弓挾矢及
發矢其體比以礼其節比於樂節相應於樂節也
注樂出至其器　釋曰鄭知樂是笙歌已下者案礼
樂記單出曰聲雜比曰音又云雜以干戚羽毛謂之
樂凡此笙并聲人歌者及国子舞者及器皆須出入
故知樂中兼此數事也　凡軍至倡之　釋曰軍事
言凡者有大軍旅王自行小軍旅遣臣去故言凡以
該之云大獻者謂師克勝獻捷於祖廟也云敎愷歌

者愷謂愷詩師還未至之時預教瞽矇入祖廟遂使樂師倡道爲之故云遂倡之　凡喪至樂官　釋曰喪言凡者王家有大喪小喪皆有明器之樂器故亦然言凡以該之明器之樂器者謂若檀弓云木不成斲瓦不成味琴瑟張而不平竽笙備而不和是也注帥樂官往陳之　釋曰樂官亦謂笙師鎛師之屬廢樂藏之者也云往陳之者謂如既夕礼陳器於祖廟之前庭及壙道東者也　及序哭亦如之　注哭此至帥之　釋曰案小宗伯云及執事眂葬獻器遂哭之　注云至將葬獻明器之材又獻素獻成皆於殯

大胥

門以王不親哭有官代之彼據未葬獻材時小宗伯哭之此序哭明器之樂器文承陳樂器之下而云序哭謂使人持此樂器向壙及入壙之時序器之也

凡樂至治訟　釋曰凡樂官謂此已下大胥至司干皆無聽訟之事則皆樂師聽之耳

大胥至諸子　注鄭司農至同義　釋曰先鄭知學士謂卿大夫諸子者案夏官諸子職云掌國子之倅則国中兼有元士之適子不言者以其漢法卑者之子不得舞宗廟之酎則元士之子不入故知卿大夫之諸子也知學舞者下云入學合舞故知也云不得舞宗廟之酎者

案月令四月云天子與羣臣飲酎鄭注云酎之言醇謂重釀之酒春酒至此始成作此酎亦謂重釀之酒祭宗廟而用之祭末有相飲之法以宗廟言之云除吏二千石已下在前漢紀注云漢承秦爵二十等五大夫九爵關內侯十九爵列侯二十爵宗廟舞人用貴人子弟與周同故先鄭引以爲證也既云取七尺以上而云十二到三十則十二者誤當云二十至三十何者案鄉大夫職云國中自七尺以及六十野自六尺以及六十有五皆征之案韓詩二十從役與國中七尺同是七尺爲二十矣明不得爲十二也　春

入至合舞　注春始至之屬　釋曰云春始以學士
入學者歲初貴始云學宮者則文王世子云春誦夏
弦皆於東序是也云合舞等其進退使應節奏者謂
等其舞者或進或退周旋使應八音奏樂之節合也
案月令注春合舞者象物出地鼓舞也先鄭解舍采
三家說後鄭皆不從者案王制有釋菜奠幣文王世
子又云始立學釋菜不舞不授器舍即釋也采即菜
也故以爲學子始入學子始入學釋采礼先師也但
學子始入學釋菜礼輕故不及先聖也其先師若鄭
注文王世子云若漢礼有高堂生樂有制氏詩有毛

公書有伏生知菜是蘋蘩之屬者詩有采蘋采蘩皆
采名言之屬者周礼又有芹茆之等亦菜名也　秋
頌學合聲　釋曰春物生之時學子入學秋物成之
時頌分也　分其才藝高下故鄭云春使之學秋頌其
才藝所為也云合聲者春為陽〻主動舞亦動春合
舞象物出地鼓舞秋為陰〻主静聲亦静故秋合聲
象秋静也但舞與聲遞相合故鄭云合聲亦等其曲
折使應節奏也　以六至舞位　釋曰六樂者即六
代之樂六舞雲門之等是也　注大同至胥之　釋
曰云大同者謂經中會〻合即大同也　云大同六樂

之所奏者謂六代之舞一一作之使節奏大同而無錯謬故云正其位使相應也云為大合樂習之者案月令仲春上丁命樂正習舞釋采季春云大合樂則此云六樂之會為季春大合樂習之也若然此六樂之會與上春入學舍采合舞者别矣案文王世子云凡大合樂必遂養老注大合樂謂春入學舍采合采合舞秋頒學合聲則是合舞合聲與大合樂又為一者季春大合樂與合舞合聲實别但春合舞秋合聲對季大合樂不為大然於四時而言亦為大合樂何者文王世子云凡大合樂必遂養老其中含有合舞

合聲必知合此二者以其言凡非一案月令仲春習
舞釋采天子親往觀之季春云大合樂天子親往視
之至仲秋合聲雖不云天子親往視之視之可知若
然三者天子親往視之同則皆有養老之事則春合
舞秋合聲皆得為大合樂文王世子以大合樂為合
舞合聲解之也　以序出入舞者　注以長至紕錯
釋曰凡在學皆以長幼為齒今為舞者八八六十四
人所須為舞之處皆當以長幼出入若使幼者在前
則為紕錯故云使出入不紕錯也　比樂官　注比
猶互樂官　釋曰杜子春云次比樂官也者與後鄭

同鄭大夫以比為庀録具樂官者雖與後鄭不同得為一義故引之在下也　展樂器　注展謂陳數之　釋曰樂器謂鼓鍾笙磬柷敔之等皆當陳列校數

凡祭至學士　釋曰祭祀言凡者則天地宗廟之祀用樂舞之處以鼓召學士選之當舞者往舞焉舞師云小祭祀不興舞注云小祭祀王玄冕所祭則亦不徵學士也　小胥至敬者　釋曰大胥掌學士之版以待召聚舞者小胥贊大胥為徵令校比之知其在不仍觥其不敬者也　注比猶至其觥　釋曰引詩者是周頌絲衣之篇祭未飲酒恐有過失故設罰爵

其時無祀非礼角爵觩然陳設而已列之者證觥是罰爵也　廵舞至慢者　注撻猶至荊扑　釋曰案文十八年齊懿公為公子也與邴歜之父爭田不勝及即位乃掘而刖之而使歜僕納閻職之妻而使職驂乘公遊於申池二人浴于池歜以扑扶職々怒歜曰人奪汝妻而不怒一扶汝庸何傷是扶為撻以荊故云扑也　正樂至其聲　注樂縣至而已　釋曰云樂縣謂鍾磬之屬縣於筍簴者凡縣者通有鼓鎛亦縣之鄭直云鍾磬者據下成文而言先鄭云軒縣判縣特縣皆直云去一面不辨所去之面故後鄭增

成之也所引春秋傳者案成二年左氏傳云衛孫良
夫將侵齊與齊師遇敗仲叔于奚救孫桓子〻〻是
免既衛人賞之以邑辭請曲縣繁纓以朝許之仲尼
聞之曰惜也不如多與之邑唯器與名不可以假人
注云諸侯軒縣闕南方形如車輿是曲也引之者證
軒為曲義也云謂軒縣去南面辟王也者然則諸侯
軒縣三面皆闕南面是以大射云樂人宿縣于阼階
東笙磬西面其南笙鍾其南鑮皆南陳西階之西頌
磬東面其南鍾其南鑮皆南陳又云一建鼓在西階
之東南面注云言面者国君於其臣備三面爾無鍾

磬有鼓而已其爲諸侯則軒縣是其去南面之事也
以諸侯大射於臣備三面唯有鼓則大夫全去北面
爲判縣可知云特縣於東方或於階間而已者案鄉
飲酒記云磬階間縮霤注云縮從也霤以東西爲從
是其階間也案鄉射云縣於洗東北西面注云此縣
謂縣磬也縣於東方避射位也是其東方也而已者
言其少耳　凡縣至爲肆　釋曰云凡縣鍾磬者惣目
語也所縣者則半之爲堵全之爲肆是也云堵者若
牆之一堵肆者行肆之名二物乃可爲肆半者一堵
半其一肆故云半爲堵全爲肆也　注鍾磬至二肆

釋曰經直言鐘磬不言鼓鎛者周人縣鼓與鎛之大鐘唯縣一而已不編縣故不言之其十二辰頭之零鐘亦縣一而已今所言縣鐘磬者謂編縣之二八十六枚共在一簴者也鄭必知有十六枚在一簴者案左氏隱五年考仲子之宮初獻六羽衆仲云夫舞所以節八音而行八風故以八爲數樂縣之法取數於此又倍之爲十六若漏刻四十八箭亦倍十二月二十四氣故以十六爲數也是以淮南子云樂生於風亦是取數於八風之義也案昭二十年晏子云六律七音服注云七律爲七器音黄鍾爲宫林鍾爲徵

大簇為商南呂為羽沽洗為角應鍾為變宮蕤賓為
變徵外傳曰武王克商歲在鶉火月在天駟日在析
木之津辰在斗柄星在天黿鶉火及天駟七列也南
北之揆七月也鳧氏為鍾以律計自倍半一縣十九
鍾々七律十二縣二百二十八鍾為八十四律此一
歲之閏數此服以音定之以一縣十九鍾十二鍾當
一月十二月十二辰々加七律之鍾則十九鍾一月
有七律當一月之小餘十二月八十四小餘故云一
歲之閏數案大射笙磬面頌磬東面皆云其南鎛其
南鎛北方直有鼓無鍾磬避射位則三面鍾磬鎛天

子宮縣四面鐘磬鎛而已不見有十二縣服氏云十
二縣非鄭義也云半之者謂諸侯之卿大夫士也又
云諸侯之卿大夫半天子之卿大夫西縣鐘東縣磬
者天子諸侯縣皆有鎛今以諸侯之卿大夫士半天
子之卿大夫士言之則卿大夫士直有鐘磬無鎛也
若有鎛不得半之耳必知諸侯卿大夫分鐘磬為東
西者以其諸侯卿大夫亦稱判縣故知諸侯卿大
夫以天子卿大夫判縣之一肆分為西東也云士亦
半天子之士者天子之士直有東方一肆二堵諸侯
之士半之謂取一堵或於階間或於東方也先鄭引

## 大師

春秋者襄十一年鄭賂晉侯歌鍾二肆晉侯以樂之
半賜魏絳魏絳於是乎始有金石之樂礼也案彼鄭
賂晉侯止有二肆當天子卿大夫判縣故取半賜魏
絳魏絳得之分為左右故云始有金石之樂引之者
證諸侯之卿大夫判縣有鍾磬之義也　大師至匏
竹　注以合至簫也　釋曰此大師無目於音聲審
故使合六律六同及五聲八音也鄭云以合陰陽之
聲者聲之陰陽各有合者六律為陽六同為陰兩〻
相合十二律為六合故云各有合也　云黃鍾子之氣
也十一月建焉而辰在星紀者以經云以合陰陽之

聲即言陽聲黃鍾大蔟姑洗等據左旋而言云陰聲
大呂應鍾南呂等據右轉而說其左右相合之義案
斗柄所建十二辰而左旋日體十二月與月合宿而
右轉但斗之所建〻在地上十二辰故言子丑之等
辰者日月之會〻在天上十二次故言娵訾降婁之
等以十二律是候氣之管故皆以氣言之耳以黃鍾
律之首與大呂合故先言之云辰與建交錯貿處如
表裏然是其合者貿易也謂若詩云抱布貿絲是貿
易也十二月皆先言建後言辰皆爾後之亦先言建後
言辰是辰與建交錯貿易處互為先後如似有表裏

然是其交合也假令十一月先舉黃鍾後言星紀覆
之則先舉大呂後言玄枵十二月皆然義可知也云
其相生則以陰陽六體為之者向上所說須經六律
左旋六同右轉以陰陽左右為相合若相生則六律
六同皆左旋以律為夫以同為婦々從夫之義故皆
左旋鄭知有陰陽六體法者見律歷志云黃鍾初九
律之首陽之變也因而六之以九為法得林鍾林鍾
初六呂之首陰之變也皆三天地之法也是其陰陽
六體其黃鍾在子一陽爻生為初九林鍾在未二陰
爻生得為初六者以陰故退位在未故曰乾貞於十

一月子坤貞於六月未也云同位者象夫妻異位者象母子者同位謂若黃鍾之初九下生林鍾之初六俱是初之第一夫婦一體是象夫婦也異位象子母謂若林鍾上生大蔟之九二二於第一爲異位象母子但律所生者爲夫婦呂所生者爲母子十二律呂律所生者常同位呂所生者常異位故云律取妻而呂生子也故曰黃鍾爲天統律長九寸林鍾地統律長六寸大蔟爲人統律長八寸林鍾位在未得爲地統者以未衝丑故也志又云十二管相生皆八八上生下生盡於中呂陰陽相生自黃鍾始而左旋八八

爲伍又云皆參天兩地之法也注云三〻而九二〻
而六上生下生皆以九爲法九六陰陽夫婦子母之
道律取妻而呂生子天地之情也六律六呂而十二
辰立矣五聲清濁而十月行矣鄭注皆取義於名也
云黄鍾長九寸其實一籥者亦律歷志文案彼云子
穀秬黍中者千有二百其實一籥彼又云黄鍾者律
之實也云下生者三分去一上生者三分益一者子
午巳東爲上生子午巳西爲下生東爲陽〻主其益
西爲陰〻主其減故上生益下生減必以三爲法者
以其生故取法於天之生數三也云大呂長八寸二

百四十三分寸之一百四者以黃鍾之律爲本以八相生下生林鍾〻〻上生大蔟〻〻下生南呂已後皆然以此爲次今鄭以黃鍾大呂大蔟等相比爲次第不依相生爲次第者鄭意既以上生下生得寸數長短乃依十二辰次第而言耳此之寸數所生以黃鍾長九寸下生林鍾三分減一去三寸故林鍾長六寸林鍾上生大蔟三分益一六寸益二寸故大蔟長八寸此三者以爲三統故無餘分大蔟下生南呂三分減一八寸取六寸減二寸得四寸在餘二寸〻爲三分合爲六分去二分四分在取三分爲一寸添前

四寸為五寸餘一分在是南呂之管長五寸三分寸之一也南呂上生姑洗三分益一五寸取三寸益一寸為四寸又餘二寸者為十八分又以餘一分者為三分添前十八分為二十一分益七分為二十八分取二十七分為三寸添前四寸為七寸餘一分在是為姑洗之管長七寸九分寸之一　姑洗下生應鍾三分去一取六寸去二寸得四寸又以餘一寸者為二十七分餘一分者為三分添二十七分為三十分減十分餘二十分是應鍾之管長四寸二十七分寸之二十自此已下相生皆以為三分數而為減益之法

其義可知故不具詳也云文之者以調五聲使之相次如錦繡之有文章者謂據律呂以調五聲相次如錦繡有文章故名五聲爲文也此即八十一絲爲宮七十二絲爲商之等是也又云播猶揚也揚之以八音乃可得而觀之矣者五聲以律呂調之其八音亦使與律呂相應八音亦合五聲則絲是一但其聲發揚出聲故云播揚也云可得觀者義取左氏季札請觀周樂故以觀言之也云金鍾鑄已下鄭以義約之案下瞽矇職云播鼗柷敔塤簫管弦歌眡瞭職云掌擊頌磬笙磬磬師掌擊編鍾鼓人掌教六鼓笙師掌

敎以笙是樂器中有此鍾磬等八者鍾鑄以金爲之磬以石爲之塤以土爲之鼓鼗以革爲之柷敔以木爲之笙以匏竹於匏但匏笙一也故鄭以笙解匏簫管以竹爲之故以鍾磬等釋金石等八音但匏笙亦以竹爲之以經别言匏故匏不得竹名也　敎六至曰頌　釋曰案詩上下唯有風雅頌是詩之名也但就三者之中有比賦興故摠謂之六詩也　注敎〻至於物　釋曰鄭知此敎是敎瞽矇者案下瞽矇職云諷誦詩故知敎者敎瞽矇也　云風言賢聖治道之遺化也者但風是十五國風從關雎至七月則是摠

號洪中或有刺責人君或有褒美至上今鄭云言賢
聖治道之遺化者鄭據二南正風而言周南是聖人
治道遺化召南是賢人治道遺化自邶鄘已下是變
風非賢聖之治道者也云賦之言鋪直鋪陳今之政
教善惡者凡言賦者直陳君之善惡更假外物為喻
故云鋪陳者也云比見今之失不敢斥言取比類以言
之興見今之美嫌於媚諛取善事以喻勸之者謂若
關雎興后妃之類是也云雅正也言今之正者以為
後世法者謂若鹿鳴文王之類是也云頌之言誦也
容也誦今之德廣以美之者凡言頌者美盛德之形

形容以其成功告於神明謂若清廟頌文王之樂歌之類是也鄭司農云古而自有風雅頌之名已下後鄭從之故不破若然此經有風雅頌則在周公時明不在孔子時矣而先鄭引春秋為證者以時人不信周礼者故以春秋為證以與春秋同明此是周公所作耳案襄二十九年季札聘魯請觀周礼（樂）為之歌邶鄘衛小雅大雅及頌等先鄭彼注云孔子自衛反魯然後樂正雅頌各得其所自衛反魯在哀公十一年當此時雅頌未定而云為歌大雅小雅頌者傳家據已定錄之言季札之於樂與聖人同與此注違者先

鄭兩解雖然據此經是周公時已有風雅頌則彼注非也　以六德為之本　注所教至樂歌　釋曰凡受教者必以行為本故使先有六德為本乃可習六詩也案大司徒職云以鄉三物教万民一曰六德知仁聖義忠和又案師氏以三德教國子至德敏德孝德此既教瞽矇故取教万民之六德以釋之耳　以六律為之音　注以律至於律　釋曰鄭云以律視其人為之音知其宜何歌者則大師以吹律為聲又使其人作聲而合之聽人聲與律呂之聲合謂之為音或合宮聲或合商聲或合角徵羽之聲聽其人之

聲則知宜歌何詩若然經云以六律為之音據大師
吹律共學者之聲合乃為音似若曲合樂曰歌之類
也云子貢已下樂記文師乙乃魯之大師瞽之無目
知音者也故子貢不自審就師乙而問之云此問人
之性者謂子貢所問々人之性々即性宜見於聲氣
故云本人之性莫善於律也引之者證以六律為音
本人性所宜之事也　大祭至擊拊　釋曰謂凡大
祭祀之時大師有此一事言帥瞽登歌者謂下神合
樂皆升歌清廟故將作樂時大師帥取瞽人登堂於
西階之東北面坐而歌者與瑟以歌詩也令奏々擊拊

者拊所以導引歌者故先擊拊瞽乃歌也歌者出聲
謂之奏故云奏也　注擊拊至之以糠　釋曰鄭云
擊拊瞽乃歌也者見經云令奏擊拊故知擊拊乃歌
也先鄭云樂或當擊或當拊者先鄭之意擊拊謂若
尚書云擊石拊石皆是作用之名拊非樂器後鄭不
從者此擊拊謂若下文鼓朄及擊應鼙之類彼朄鼙
是樂器則知此拊亦樂器也云謂拊形如鼓以韋爲
之著之以糠者此破先鄭拊非樂器知義如此者約
白虎通引尚書大傳云拊革裝之以糠今書傳無者
在亡逸中　下管至鼓朄　釋曰凡樂歌者在上

匏竹在下故云下管播樂器〻〻即笙簫及管皆是
出聲曰播謂播揚其聲令奏鼓朄者奏即播亦一也
欲令奏樂器之時亦先擊朄導之也　注鼓朄至縣
鼓　釋曰鄭云鼓朄管乃作也者亦如上注擊拊
韓乃歌云特言管者貴人氣也　者以管簫皆用氣故
云貴人氣若然先鄭云登歌下管貴人聲此後鄭云
特言管者貴人氣不同者各有所對若以歌者在上
對匏竹在下歌用人〻聲為貴故在上若以匏竹在
堂下對鐘鼓在庭則匏竹用氣貴於用手故在階間
也後鄭云鼓朄猶言擊朄者此上下文拊與鼓皆言

擊別此鼓謂出聲亦擊之類也詩云應懸鞞縣鼓周頌
有瞽篇也　大饗亦如之　釋曰此大饗謂諸侯來
朝即大行人上公三饗侯伯再饗子男一饗之類其
在廟行饗之時作樂與大祭祀同亦如上大祭祀帥
瞽登歌下管播樂器令奏皆同故云亦如之凡祭祀
大饗及賓射升歌下管一皆大師令奏小師佐之其
鐘鼓則大祝令奏故大祝云隨釁逆牲逆尸令鐘鼓
侑亦如之者賓射及饗鐘鼓亦當大祝令之與祭祀
同也其小祭祀及小賓客文不見或無升歌之樂其
外祭祀山川社稷皆準大祭祀令奏也　大射至射

士

節　注射節王歌騶虞　釋曰言射節者謂若射人
職云樂以騶虞九節貍首七節采蘋采蘩五節之類
則大師爲之歌也　大師至吉凶　注大師至無功
釋曰兵書者武王出兵之書云合音商則戰勝軍
士強者商屬西方金々主剛斷故兵士強也角則軍
擾多變失志者東方木々主曲直故軍士擾多變失
去心宮則軍和士卒同心者中央土々主長又載四
行故軍士和而同心徵則將急數怒軍士勞者南方
火火主燥怒故將急數怒羽則兵弱少威明者北方
水々主柔弱又主幽闇故兵弱少威明也先鄭引師

曠曰者案襄公十八年楚子使子庚帥師侵鄭左傳曰甚雨及之楚師多凍役徒幾盡晉人聞有楚師師曠曰不害吾驟歌北風又歌南風南風不競多死聲楚必無功注云北風夾鐘無射以北南風沽洗南呂以南南律氣不至故死聲多吹律而言歌與風者出聲曰歌以律是候氣之管氣則風也故言歌風引之者證吹律知吉凶之事也　大喪至廬謚　釋曰大喪言凡則大喪中兼王后雖婦從夫謚亦須論行乃謚之言帥瞽者即帥瞽矇歌王治功之詩廞作廬謚者廬即柩也古字通用之以其興喻王治功之詩爲

柩作謚故云廞作柩謚是以贊賻職云諷誦詩謂作謚時也　注廞興至作謚　釋曰云廞興也者先鄭以從古書廞作淫淫陳也周礼之内先鄭皆從淫爲陳後鄭皆爲興引之在下者以無正文亦得爲一義故也凡作謚謂將葬時故檀弓云公叔文子卒其子戌請於君曰日月有時將葬矣請所以易其名者曾子問云賤不誄貴幼不誄長天子稱天以誄之引公羊傳制謚於南郊是也　凡國至正焉　注從大師之政教　釋曰大師是瞽人之中樂官之長故瞽矇屬焉而受其政教也

# 周禮疏卷第二十六

# 周禮疏卷第二十七

唐朝散大夫行大學博士弘文館學士臣賈公彥等撰

小師至弦歌　注教〻至有焉　釋曰鄭知教瞽矇者案瞽矇所作樂器與此所要者同明此教〻瞽矇也鄭知此經鼓非六鼓之鼓者案鼓人云掌教六鼓眂瞭職云掌大師之縣又云賓射皆奏其鍾鼓則六鼓〻人教之眂瞭擊之非此小師教又瞽矇所作不言鼓明此鼓既在鼗已下諸器之上是出聲爲鼓也後鄭解鼗依漢法而知塤燒土爲之大如鴈卵先鄭云塤六孔者案廣雅云塤象秤錘以土爲之六孔故

二鄭爲此解也云簫編小竹者案通卦驗云簫長尺四寸注云簫管形象鳥翼鳥爲火火成數七生數二二七一十四簫之長由此廣雅云簫大者二十四管小者十六管有底三礼圖云簫長尺四寸頌簫長尺二寸此諸文簫有長短不同古者有此制也云管如今賣餳所吹者先鄭云管如篪六孔案廣雅云管象篪長尺圍寸八孔無底八孔者蓋轉寫誤當從六孔爲正也云弦謂琴瑟也歌依詠詩也者謂工歌詩依琴瑟而詠之詩此即詩傳云曲合樂曰歌亦一也故鄉飲酒之屬升歌皆有瑟依詠詩也若不依琴瑟

即爾雅徒歌曰謡也先鄭云柷狀如漆筩中有椎敔
木虎也者書云合上柷敔注云柷狀如漆筩而有椎
合之者投椎其中而撞之敔狀如木虎背有刻所以
鼓之以止樂爾雅注云柷如漆桶方二尺四寸深一
尺八寸敔如伏虎背上有二十七鉏鋙刻以木長尺
櫟之云謂管如篴而小併兩而吹之今大予樂官有
焉者觀後鄭意似不與諸家同故引漢法大予樂官
為況也　大祭至擊拊　注亦自至擊石　釋曰鄭
知小師亦自擊拊不共大師同擊拊者見大師下管
鼓朄此小師下管別自擊應鼗不同明擊拊亦別可

知但小師佐大師耳引先鄭拊爲擊石者先鄭上注已解拊與擊同後鄭不從今引之在下者以無正文引之或得爲一義故也　下管擊應鼓　注應聲南鼓應鼙在其東以是知應是應鼙彼又云一建鼓在西階之西朔鼙在其北是知有朔鼙也知皆小鼓者擊鼓者所事之衛先擊小後擊大故大射云應鼙在其東朔鼙在其北鼙者皆在人右鄭彼注云便其先擊小後擊大既便其事是鼙皆小鼓也　云其所用別未聞者此上下祭祀之事有應有朄無朔大射有朔有應無朄凡言應者應朔鼙祭祀既有應明有朔但

無文不可强定之故云用别未聞也　徹歌　注於
有至歌雍　釋曰鄭知徹祭器歌詩者見論語八佾
云三家者以雍徹孔子云相維辟公天子穆穆奚取
於三家之堂以三家無辟公助祭又無天子之容則
諸侯亦不得用唯天子得用之是天子之容則徹器
用徹詩故云歌雍也　大饗亦如之　釋曰其大饗
饗諸侯之來朝者徹器亦歌雍若諸侯自相饗徹器
即歌振鷺故仲尼燕居云大饗有四焉云徹以振羽
〻〻當爲振鷺是其事也　大喪與廞　注從大師
釋曰知從大師者見大師職云廞作匶謚此言與

謂與在廞中明從大師也　掌六至其和　注和錞于
釋曰鄭知和是錞于者見鼓人云金錞和鼓故知
和是錞于也　瞽矇至弦歌　釋曰此八者皆小師
教此瞽矇令於作樂之時播揚以出聲也　諷誦至
琴瑟　釋曰諷誦詩謂於王喪將葬之時則使此瞽
矇諷誦王治功之詩觀其行以作謚葬後當呼之云
世奠繫者奠定也謂辨其昭穆以世之序而定其繫
繫即帝繫世本是也　鼓琴瑟者詩與世本二者雖不
歌詠猶鼓琴瑟而合之以義之也　注諷誦至奠之
釋曰案上注云背文曰諷以聲節之曰誦則釋之

此總云闇讀之不依詠者語異義同皆文與以聲節之皆是闇讀之不依琴瑟而詠也直背文闇讀之而已故雖有琴瑟猶不得為曲合樂曰歌是以鄭云雖不歌猶鼓琴瑟以播其音美之也若然誦則以聲節之兼琴瑟則為歌矣而得不為歌者此止有諷而言誦者諷誦相將連言誦耳先鄭云諷誦詩主誦詩以刺君過并引國語皆是諫諍人君法度鄭不從而為廞作柩謚時者以其與世繫連文皆是王崩後事不得為諫諍是以大師廞作柩謚此瞽矇諷誦詩事相成故也子春與先鄭同但兼解世繫耳帝繫據王即經

繫也諸侯卿大夫謂之世本師經世也云小史主次序先王之世昭穆之繫者小史職云奠繫世辨昭穆故知小史次序之云述其德行者取義於國語云爲之昭明德是世子春之意與先鄭同爲諱誦之事後鄭亦不從世國語者案楚語云莊王使士亹傅太子箴辭王卒使傅之問於申叔時申叔時曰教之春秋而爲之聳善而抑惡焉以戒勸之教之世而爲之昭明德而廢幽昏焉以休懼其動注云先王之繫世本使知有德者昌無德者短子春引之者證帝繫世本之事後鄭云世之而定其繫謂書於世本以世與繫

眡瞭

為一事解之又對文言之正謂之帝繫諸侯卿大夫謂之世本散則通故云書於世本々々即王帝繫也

眡瞭至笙磬　釋曰案序官眡瞭三百人皆所以技工以其技工之外無事而兼使作樂故云掌凡樂事則播鼗已下至職末皆是也

注視瞭至南陳　釋曰云視瞭播鼗又擊磬者案小師教鼓鼗注云教瞽矇瞽矇云掌播鼗今視瞭亦掌播鼗但有目不須小師教之耳故鄭云視瞭播鼗又擊磬是眡瞭兼掌鼗也　云磬在東方謂之笙々生也在西方曰頌々或云庸々功也者以東方是生長之方故云笙西方是

成功之方故云庸〻功也謂之頌者頌者美盛德之
形容以其成功告於神明故云頌言或作庸者尚書
云笙庸以閒孔以庸為大鍾鄭云庸即大射頌一也
引大射者證東方之磬為笙西方之磬為頌之事也
掌大師之縣　注大師至為之　釋曰案大司樂
有宿縣之事小胥正樂縣之事大師無縣樂之事此
大師之縣者大師掌六律六同五聲八音以其無目
於音聲審本職雖不言縣樂器文寄於此明縣之可
知言當縣則為之者以其有目故也　凡樂事相瞽
注相扶工　釋曰能其事曰工故樂稱工是以儀礼

鄉飲酒鄉射燕禮大射皆言工相者以視瞭有目瞽人無目須人扶侍故也　大喪至如之　注旅非至樂器　釋曰大喪廞樂器謂明器故檀弓云木不成斲瓦不成味竹不成用琴瑟張而不平竽笙備而不和是沽而小耳是臨時乃造之大旅非常祭亦臨時乃造故云亦如之旅不用尋常祭器者以其旅是非常則其器亦如明器沽而小故文承明器而云亦如之也賓射至鐘鼓　注擊朄至奏之　釋曰鄭知擊朄以奏之者見大師職云下管令奏鼓朄以其鐘鼓與管俱在下管既擊朄令奏則鐘鼓亦擊朄奏之可

知云其登歌大師自奏之者大師職見大祭祀登歌
擊拊雖不言賓射賓射登歌自然大師令奏擊拊也
若然大射之時鍾鼓眡瞭擊𢄔登歌亦大師自奏也
鼜愷獻亦如之　釋曰鼜謂夜戒守之鼓愷獻謂
戰勝獻俘之時作愷樂二者皆視瞭奏其鍾鼓故云
亦如之也與同至樂器　注陽聲至銅為　釋曰云
陽聲屬天陰聲屬地天地之聲布於四方者此與同
旣云掌六律六同即覆云以辨天地四方陰陽之聲
明天地四方陰陽之聲還是六律六同也但於十二
辰在陽辰為律屬天在陰辰為同屬地十二律布在

劭

四方々有三也此即大師所云六律左旋六同右轉陰陽相合者也先鄭云陽律以竹為管陰律以銅為管竹陽也銅陰也各順其性并大師執同亦為銅字解之後鄭不從之故云律述氣者也同助陽宣氣與之同皆以銅為之鄭知義然者案律歷志云律有十二陽六為律陰六為呂有三統之義焉其傳曰黃帝之所作也黃帝使泠綸自大夏之西應劭曰大夏西戎之國也崐崘之陰取竹之解谷孟康曰解脫也谷竹溝也取竹之脫無溝節者也一說崐崘之北谷名也生其竅均厚者斷兩節間而吹之以為黃鍾之宮

制十二簫以聽鳳之鳴其雄鳴為六雌鳴亦六此則
上古用竹又案律曆志云度者分寸尺丈引也所以
度長短也本起黃鍾之長一黍為一分十分為寸十
寸為尺十尺為丈十丈為引而五度審矣其法用銅
是陽律用銅可知是後世用銅之明證也　凡聲至
聲石　注故書至無聲　釋曰此十二種並是鍾之
病此職掌十二律之鍾是十二辰之零鍾非編者直
言病鍾者欲見除此病外即是鍾之善者故言病鍾
而已杜子春讀硍為鏗鎗之鏗者讀從樂記鍾聲鏗
鏗以立號是鏗鎗之鏗後鄭不從又讀筰為行扈唶

唶之唶讀從左氏傳少皞以鳥名官有行扈唶々後
鄭亦不從也云石如磬石之聲者磬用石者故讀從
磬聲後鄭增成之鄭大夫讀硍爲衮冕之衮取音同
後鄭從之陂讀爲人短罷之罷能從俗語讀之後鄭不
從韽讀爲鶉鵪之鵪讀從孝經緯[illegible]後鄭亦不從此讀
鄭司農云下謂鍾形下當踔後鄭不從云正者不高
不下鍾形上下正傭後鄭增成其義玄謂高鍾形大
上々大也高則聲上藏衮然旋如裏者言旋如裏謂
聲周旋如在裏云正謂上下直正則聲緩無所動者
由無偏殺故也云下謂鍾形大下々大也下則聲出

云放肆者由下大故也鄭知上是上大下是下大者以其正是上下直則上是上大下是下大可知故為此解云陂讀為險陂之陂者讀從詩序險詖私謁之心陂是偏私之意故為偏侈也云險謂偏弇也者此險與陂相對陂既為偏侈故險為偏弇也云達謂其形微大也者凡物大則疏達故為微大對高為上大故此達為微大微大則聲有餘若大放也云微謂其形微小也者此微對達達為微大則微為微小矣云韽讀為飛鉗涅韽之韽者謂鬼谷子有飛鉗揣摩之篇皆言從橫辯說之術鉗者言察是非語飛而鉗持

之揣摩者云揣人主之情而摩近之云韽聲小不成也者飛鉗涅韽使之不語此鍾聲韽亦是聲小不成也云回謂其形微圜也者凡鍾依鳧氏所作若鈴不圜今此回而微圜故聲淫衍無鴻殺也云侈謂中央約也者此非侈謂鍾口揔寬則聲迫筰出去疾由口寬故也云弇謂中央寬者此與侈相對侈既口揔寬則弇是口揔狹是中央寬也云弇則聲鬱勃不出也者由口龍故也云甄讀從甄燿之甄者讀從春秋緯甄燿度之篇名云甄猶掉也鍾微薄則聲掉者由薄故也云鍾大厚則如石者案鳧氏爲鍾云鍾已厚

則石已薄則播是故大鍾十分其鼓閒以其一為之厚小鍾十分其鉦閒以其一為之厚是厚薄得中也

凡為至齊量　注數度至所容　釋曰樂器據典同所作謂鍾也云以十有二律為之度數者依律歷志云古之神瞽度律均鍾以律計倍半假令黃鍾之管長九寸倍之為尺八寸又九寸得四寸半摠二尺二寸半以為鍾口之徑及上下之數自外十一辰頭瞽以管長短計之可知故云度數廣長也廣則口徑長則上下也云以十有二聲為之齊量者十二聲則十二辰零鍾鍾則聲也十二鍾皆有所容多少之齊

# 磬師

量故云侈弇之所容者上文侈弇雖是鍾病新客多少則依法故舉侈弇見文而言也　凡和樂亦如之　注和謂至器也　釋曰鄭知調故器者上文凡為樂器是新造者今更言和樂明是調故器知聲得否及容多少當依法度也　磬師至編鍾　注教至之編　釋曰鄭知教〻視瞭者視瞭職云掌播鼗擊笙磬頌磬若然視瞭不言擊鍾知亦教視瞭擊編鍾者以磬是樂縣之首故特舉此言其實編鍾亦視瞭擊之故鎛師注云擊鍾者亦視瞭也　云磬亦編於鍾言之者鍾有不編不編者鍾師擊之者鄭知鍾有不編

聲

者以此經云擊磬不言編則磬無不編以其無可對
故不言編鍾言編則對不編者故鄭云磬亦編於鍾
言之鍾有不編不編者鍾師自擊之也鄭必知鍾有
不編使鍾師自擊者以其言教視瞭擊編鍾明不編
者不教視瞭不教者自擊之可知是以鍾師云掌金
奏又云以鍾鼓奏九夏明是鍾不編者十二辰零鍾
也若書傳云左五鍾右五鍾也　杜子春讀編爲編書
之編者案史記孔子讀易韋編三絶是古者未有紙
皆以韋編竹簡此鍾磬亦編之十六枚在一簴故讀
從之也　教縵至鍾磬　注杜子至鍾磬　釋曰子春

讀縵為慢，後鄭不從之也。玄謂縵讀為縵錦之縵者，時有縵錦之言，依俗讀之也。云謂雜聲之和樂者也者，謂雜弄調和，則學記為證。案彼鄭注云：操縵，雜弄。即今之調辭曲者，不學調弦，則不能安意於弦也。云燕樂房中之樂者，此即關雎二南也。謂之房中者，房中謂婦人后妃以風喻君子之詩，故謂之房中之樂。

鍾師掌金奏。注金奏至及鎛。釋曰：此即鍾師自擊不編之鍾。凡作樂先擊鍾，故鄭云金奏擊金以為奏樂之節。是以下云以鍾鼓奏九夏，亦先云鍾也。鄭云金謂鍾及鎛者，以其二者皆不編，獨縣而已。

凡樂至鼜夏　注以鍾至能具　釋曰云以鍾鼓者
先擊鍾次擊鼓者鍾師直擊鍾不擊鼓而兼云鼓者
凡作樂先擊鍾次擊鼓欲見鼓鍾先後次第故兼言
之也鍾中得奏九夏者謂堂上歌之堂下以鍾鼓應
之故左氏傳云晉侯歌鍾二肆亦謂歌與鍾相應而
言也云夏大也者欲明此九夏者皆詩之大者故云
樂之大歌有九杜子春云祴讀爲陔鼓之陔者侯有
陔鼓之法故樂師先鄭云若今時行礼於大學罷出
以鼓陔爲節故讀從之也云王出入奏王夏尸出入
奏肆夏牲出入奏昭夏者皆大司樂文云四方賓來

奏納夏臣有功奏章夏夫人祭奏齊夏族人侍奏族夏者此四夏皆無明文或子春别有所見故後鄭從之云賓醉而出奏陔夏者賓醉將出奏之恐其失（失）礼故陔切之使不失礼是以鄉飲酒鄉射燕礼大射賓醉將出之時皆云奏陔云公出入奏驁夏者案大射云公入奏驁夏是諸侯射於西郊自外入時奏驁夏不見出時而云出者見樂師云行以肆夏趨以采薺出入礼同則驁夏亦出入礼同故兼云出也此九夏者惟王夏惟天子得奏諸侯已下不得其肆夏則諸侯亦得用故燕礼奏肆夏大夫已下者不得故郊特

杜云大夫之奏肆夏由趙文子始明不合也其昭夏已下諸侯亦用之其驁夏天子大射入時無之故子春取大射公入驁以明天子亦用也云肆夏詩也者子春之意九夏皆不言詩是以解者不同故杜注春秋云肆夏爲樂曲名今云肆夏詩則九夏皆詩後鄭從之春秋傳曰已下襄公四年傳文云俱稱三謂其三章者此皆篇而云章者子春之意以章名篇耳引國語曰金奏肆夏繁遏渠天子所以享元侯者歌詩尊卑各别若天子享元侯升歌肆夏頌合大雅享五等諸侯升歌大雅合小雅享臣子歌小雅合鄉樂若

前元侯自相享與天子享已同五等諸侯自相享亦
與天子享已同諸侯享臣子亦與天子享臣子同燕
之用樂與享同故燕礼燕臣子升歌鹿鳴之等三篇
襄四年晉侯享穆叔為之歌鹿鳴云君所以嘉寡君
是享燕同樂也云所謂三夏矣者即上列春秋肆夏
三不拜三是三夏故云三夏吕叔玉者是子春引之
者子春之意與叔玉同三夏並是在周頌篇故以時
邁執競思文三篇當之後鄭不從者見文王大明緜
及鹿鳴四牡皇々者華皆舉見在詩篇名及肆夏與
繁遏渠舉篇中義意故知義非也云謂以文王鹿鳴

言之則九夏皆詩篇名者以襄四年晉侯享穆叔奏
肆夏與文王鹿鳴同時而作以類而言文王鹿鳴等
既是詩明肆夏之等亦是詩也肆夏既是詩則九夏
皆詩篇名也云頌之族類也者九夏並是頌之族類
也云此歌之大者以其皆稱夏也云載在樂章者此
九夏本是頌以其大而配樂歌之則為樂章載在樂
章也云樂崩亦從而亡是以頌不能具者樂崩在秦
始皇之世隨樂而亡頌內無故云頌不能具也　凡
祭至燕樂　注以鐘鼓奏之　釋曰饗食謂與諸侯
行饗食之禮在廟故與祭祀同樂故連言之知以鐘

鼓奏之者以其鍾師奏九夏用鍾鼓故知此燕樂亦用鍾鼓奏之可知也　凡射至采蘩　釋曰言凡射射賓射等同用此為射節故言凡射人與樂師辯其節數於此見其作樂人為之故數職重言　注騶虞聖獸　釋曰案異義今詩韓魯說騶虞天子掌鳥獸官古毛詩說騶虞義獸白虎黑文食自死之肉不食生物人君有至信之德則應之周南終麟止召南終騶虞俱稱嗟嘆之皆獸名謹案古山海經鄒書云騶虞獸說與毛詩同是其聖獸也　掌鼙鼓縵樂　注鼓讀至和之　釋曰鼓讀如莊王鼓之鼓有讀從左

## 笙師

氏傳莊王親鼓之鼓云謂作縵樂擊鼙以和之者此官主擊鼙於磬師作縵樂則鍾師擊鼙以和之　笙師至祴樂　注教至失礼　釋曰此樂器瞽矇有視瞭無所以知不教瞽矇者案小師云教鼓鼗柷敔塤簫管弦歌注云教瞽矇也以小師在瞽矇之上又瞽矇所作與小師同故知小師所教瞽矇笙師所教文在視瞭之下不可隔視瞭教瞽矇其視瞭雖不云其器明所教々視瞭也先鄭云竽三十六簧笙十三簧者案通卦驗竽長四尺二寸注云竽管類用竹為之形參差象鳥翼鳥火禽火數七冬至之時吹之冬

水用事水數六々七四十二竽之長蓋取於此也笙
十三簧廣雅云笙以匏爲之十三管宮管在左方竽
象笙三十六管宮管在中央礼圖云竽長四尺二寸
此竽三十六簧與圖同云箎七空者廣雅云箎以竹
爲之長尺四寸八孔一孔上出寸三分礼圖云箎九
空司農云七孔蓋寫者誤當云八空也或司農别有
所見云舂牘以竹大五六寸長七尺短者一二尺其
端有兩空髤畫以兩手築地應長六尺五寸其中有
椎雅狀如漆筩而弇口大二圍長五尺六寸以羊韋
鞔之有兩紐疏畫者此皆約漢法知之而言鄭注巾

車髤赤多黑少之色疏畫者長疏而畫之子春讀篴爲蕩滌之滌讀從郊特臭味未成滌蕩其聲之滌云今時所吹五空竹篴後鄭從之也云謂韎樂韎夏之樂者以其鍾師有韎夏此韎樂與之同故知此所教韎樂是鍾師所作韎夏者也云笙師教之則三器在庭可知矣者以其笙管在堂下近堂則三者亦在堂下遠堂在庭可知云賓醉而出奏韎夏者此則鄉飲酒及鄉射之等賓出奏陔是也云以三此器築地為之行節明不失礼者三器言舂舂是向下之稱是其築地與韎樂連文明與韎樂為節可知也經中樂器

亦解墳與簫管者上文已釋也　凡祭至之樂　注
鍾笙至之笙　釋曰鄭爲此解者以其笙師不掌鍾
而兼言鍾故知義然也　燕樂亦如之　釋曰言亦
如之者謂作燕樂亦如上共其鍾笙之樂也　大喪
至藏之　注廞興至猶遷　釋曰此所興作即上竽
笙已下皆作之遷之於壙而藏之也　大旅則陳之
注陳於至其縣　釋曰此經直言陳之明陳於饌
處而已不臨其縣其臨縣者大司樂故大司樂云大
喪臨廞樂器注云臨笙師鎛師之屬是也　鎛師至
之鼓　釋曰鎛師不自擊鎛使視瞭擊之但擊金奏

之鼓耳　注謂主至視瞭　釋曰知金奏之鼓是主擊晉鼓者鼓人職云以晉鼓〻金奏故知之也金奏謂奏金〻即鐘鎛〻以金為之故言金云然則擊鎛者亦視瞭者案視瞭直云樂作擊編鐘不言鎛〻與鐘同類大小異耳既擊鐘明亦擊鎛故云亦視瞭也

凡祭至如之　釋曰云鼓其金奏之樂者金奏之樂者金奏之樂者即八音是也亦以晉鼓〻之饗食謂饗食來朝諸侯賓射亦謂與來朝諸侯射於朝皆鼓其金奏之鼓也軍大獻謂獻捷於祖作愷歌亦以晉鼓〻之云凡軍之夜三鼜皆鼓之守鼜亦如之者

亦鼓之也　注守鼜至相似　釋曰鄭知用鼖鼓者鼓人職云鼖鼓々軍事此並軍事故知用鼖鼓也子春云一夜三擊備守鼜也者鼓人注引司馬法云昏鼓四通為大鼜夜半三通為晨戒旦明五通為發昫是一夜三擊備守鼜也春秋傳者昭二十年衛侯如死鳥齊侯使公孫青聘衛賓將掫注云掫謂行夜子春云賓將趨讀人音異云音聲相似者趨與鼜音聲相似皆是夜戒守也　大喪至藏之　釋曰此官所廞謂作晉鼓鼖鼓而已以其當職所擊者也　韎師注舞之至之舞　釋曰知舞之以東夷之舞者以

其專主夷樂則東夷之樂曰韎是也凡舞夷樂皆門外為之　旄人至夷樂　釋曰云掌教舞散樂舞夷樂者旄人教夷樂而不掌鞮鞻氏掌四夷之樂而不教二職互相統耳但旄人加以教散樂鞮鞻氏不掌之也　注散樂至及舞　釋曰云散樂野人為樂之善者以其不在官之員内謂之為散故以為野人為樂善者也云若今黄門倡矣者漢倡優之人亦非官樂之内故舉以為說也云夷樂四夷之樂者孝經緯云東夷之樂曰韎南夷之樂曰任西夷之樂曰株離北夷之樂曰禁知亦皆有聲歌及舞者此經有舞

# 籥師

下鞮鞻氏云掌四夷之樂爲其聲歌是也　凡四至屬焉　釋曰云凡四方之以舞仕者屬焉者此即野人能舞者屬旄人選舞人當於中取之故也　凡祭至燕樂　釋曰賓客亦謂饗燕時舞其燕樂謂作燕樂時使四方舞士舞之以夷樂　籥師至歛籥　注文舞至秉翟　釋曰此籥師掌文舞故教羽籥若武舞則教干戚也故云文舞有持羽吹籥者也云所謂籥舞也者所謂詩頌籥舞笙鼓彼亦文舞也文王世子曰秋冬學羽籥彼對春夏學干戈陽時學之法陽動秋冬學羽籥陰時學之法陰靜詩云左手執籥右

右手秉翟者即邶風簡兮之篇引此二文者證皆文舞所執之器也此官所教當樂師教小舞互相足故文王世子云小樂正學干大胥贊之籥師學戈籥師丞贊之注云四人皆樂官之屬也通職秋冬亦學以羽籥小樂正樂師也　祭祀至之舞　注鼓之至之節　釋曰祭祀先作樂下神及合樂之時則使國子舞鼓動以羽籥之舞與樂節相應使不相奪倫故鄭云鼓之者恒爲之節　賓客至如之　釋曰亦鼓之以羽籥之舞與祭祀同以其俱在廟故樂亦同也　大喪至藏之　釋曰此所廞作惟羽籥而已不作餘器

籥章至豳籥　注杜子春至之樂　釋曰子春云
土鼓以瓦爲匡以革爲兩面可擊也後鄭不從者土
鼓因於中古神農之器黄帝已前未有瓦器故不從
也先鄭云豳籥豳國之地竹豳詩亦如之後鄭不從
者案下文吹豳詩吹豳雅吹豳頌更不見豳籥則是
籥中吹豳詩及雅頌謂之豳籥何得有豳國之地竹
乎若用豳國之地竹當云之籥故後鄭云豳人吹籥
之聲章云豳人吹籥其義難明謂作豳人吹籥之聲
章商祝夏祝之類聲章即下文豳詩之等是也明堂
位曰土鼓蒯桴葦籥伊耆氏之樂者鄭注禮運云土

鼓築土爲鼓也蒯桴〻謂擊鼓〻之物以土塊爲桴引
之者破子春土鼓用瓦　中春至逆暑　釋曰中春
二月也言迎暑者謂中春晝夜等已後漸暄故預迎
之耳　注豳詩至諸陽　釋曰鄭知吹之者以籥爲
之聲者以發首云掌土鼓豳籥故知詩與雅頌皆用
籥吹之也云七月言寒暑之事者七月云一之日觱
發二之日栗烈七月流火之等是寒暑之事云迎氣
歌其類也者解經吹豳詩迎暑及下迎寒皆當歌此
寒暑之詩也云此風也而言詩〻摠名也者對下有
雅有頌即此是風而言詩〻摠名含豳風矣故云詩

不言風也云迎暑以晝求諸陽者對下迎寒以夜求諸陰也　中秋至如之　釋曰言亦如之亦當擊土鼓龡豳詩也凡國至田畯　釋曰此年於田祖并上迎暑迎寒並不言有祀事既告神當有祀事可知但以告祭非常故不言之耳若有禮物不過如祭法埋少牢之類耳此田祖與田畯所祈當同日但位別禮殊樂則同故連言之也　注祈年至夫也　釋曰祈年祈豐年也者義取小祝求豐年俱是求甘雨使年豐故引彼解此也云田祖始耕田者謂神農也者此即郊特牲云先嗇一也故甫田詩云琴瑟擊鼓以御

田祖以祈甘雨以介我稷黍毛云田祖先嗇也云七
月又有于耜舉趾饁彼南畝之事是亦歌其類者案
彼七月云三之日于耜四之日舉趾同我婦子饁彼
南畝田畯至喜並次在寒暑之下彼為風此為雅者
也云謂之雅者以其言男女之正者先王之業以農
為本是男女之正故名雅也司農云田畯古之先教
田者此即月令命田舍東郊鄭云田謂田畯是也爾
雅曰畯農夫也者以其教農故號農夫　國祭至老
物　釋曰此祭蜡直擊土鼓葦明堂位云土鼓葦籥
伊耆氏之樂即此亦各有葦籥可知言以息老物者

謂息田夫万物也　注故書至之成　釋曰子春引郊特牲後鄭從之增成其義耳故還引郊特牲而解之云求万物而祭之者即合聚万物而索饗之是也云乃祀而老息之者老即老物蜡祭是也息之者即息田夫臘祭宗廟是也云於是国亦養老焉者即所引月令孟冬勞農以休息之是也云豳頌亦七月也七月又有穫稻作酒等至之事是亦歌其類也者其類謂穫稻已下是也云謂之頌者以其言歲終人功之成者凡言頌者頌美成功之事故於七月風詩之中亦有雅頌也鄭注郊特牲云歲十二月周之正數

此鄭云建亥解之知非夏十二月者以其建亥萬物成故月令祈來年及臘先祖之等皆在孟冬月是十二月據周於夏為建亥十月也 鞮鞻氏至聲歌

注四夷至於舞 釋曰四夷樂名出於孝經緯鉤命決故彼云東夷之樂曰韎持矛助時生南夷之樂曰任持弓助時養西夷之樂曰株離持鉞助時殺北夷之樂曰禁持楯助時藏皆於四門之外右辟是也案明堂位亦有東夷之樂曰昧南夷之樂曰任又案虞傳云陽伯之樂舞株離則東夷之樂亦名株離者東夷樂有二名亦名株離鄭注云株離舞曲名言象萬

物生株離若詩云彼黍離〻是物生亦同離云王者必作四夷之樂一天下也者案白虎通云王者制夷狄樂不制夷狄礼者所以均中國不制礼恐夷人不能隨中國礼也四夷之樂雖謂舞使國之人也云與其聲歌則云樂者主於舞者凡樂止有聲歌及舞既下別云聲歌明上云樂主於舞可知也案月令仲春云命樂正入學習樂注云歌與八音知非舞以其下季春云大合樂明所合多故知非直舞而有歌與八音也　祭祀至如之　注吹之至之聲　釋曰知吹以管籥為之聲者以其歌者在上管籥在下既言吹

之月氣明據管籥爲之聲可知是以笙師教吹籥管之等　典庸至庸器　注庸器至銘也　釋曰庸功也言功器者伐國所獲之器也云若崇鼎貫鼎者明堂位文云及以其兵物所鑄銘也者謂左氏傳季氏以所得齊之兵作林鍾而銘魯功是經中樂器也彼旣識其非時征伐又籍晉之功引之取一邊證鑄作銘功之事耳　及祭至庸器　注設筍至爲鑄　釋曰鄭知此設筍虡視瞭當以縣樂器焉者案視瞭職云掌大師之縣此直云設筍虡明是視瞭縣之可知子春云筍讀爲博選之選者此當俗讀當時語者有博

選之言故讀從之也　大喪廞筍虡　注廞興至作
之　釋曰案檀弓有鍾磬而無筍虡鄭注云不縣之
彼鄭注見此文有筍虡明有而不縣以喪事略故也
司干掌舞器　注舞器羽籥之屬　釋曰鄭知司
干所掌舞器是羽籥以其文武之舞所執有異則二
者之器皆司干掌之言司干者周尚武故以干爲職
首其籥師教而不掌若然干與戈相配不言戈者下
文云祭祀授舞器則所授者授干與羽籥也案司戈
盾亦云祭祀授旅賁殳故士戈盾授舞者兵云舞者
兵惟謂戈其干亦於此官授之司兵云祭祀授舞者

兵鄭注云授以樂千玉戚謂授大武之舞與此授小舞干戈別也　大喪至藏之　釋曰此官云干盾及羽籥及其所歛〻干盾而已其羽籥〻師歛之故其職云大喪歛其樂器及葬奉而藏之其視瞭所歛者謂鼓與磬鏄師不云歛則鍾亦視瞭歛之如是瞽矇及大師小師皆不云歛者以其無目其瞽矇所云柷敔塤簫管及琴瑟皆當視瞭歛之不云奉而藏之文不具笙師云竽笙已下則笙師自歛之故其職云歛藏鏄師云擊晉鼓則晉鼓則師歛之其兵舞所歛入五兵中故司兵云大喪歛五兵凡歛樂器皆大司樂

臨之故其職云大喪臨廞樂器典同不云廞者以其
律呂與鍾器等爲制度不掌成器故不云廞韎師旄
人鞮鞻氏等不云廞者死後無一大下之事故不云
廞也典庸器不云廞者以其庸器非常故不廞也以
其樂師非一故諸官各廞不同

周禮疏卷第二十七

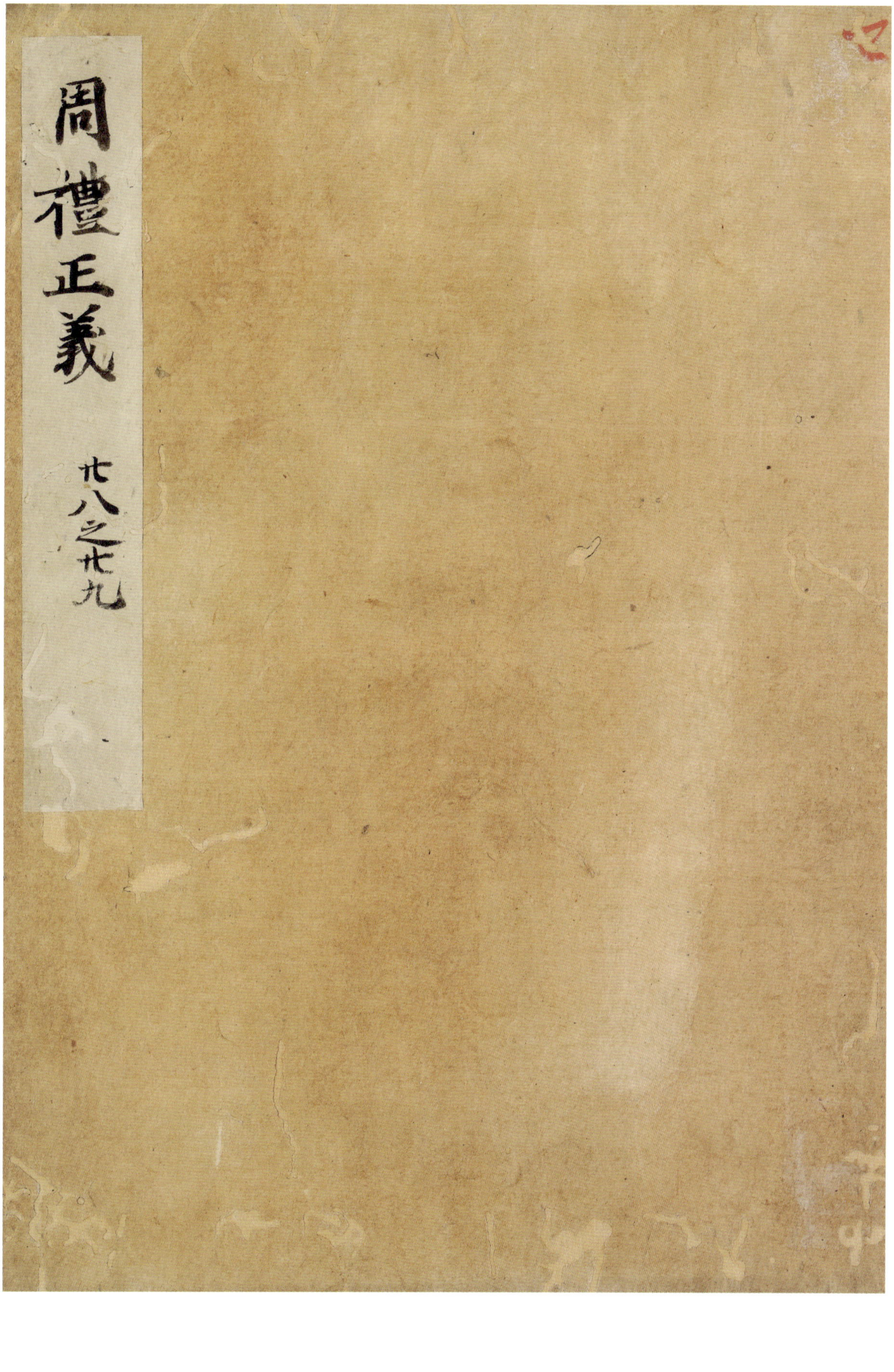
周禮正義
廿八之廿九

廿八之廿九

# 周礼疏卷第二十八

唐朝散大夫行大學博士弘文館學士臣賈公彥等撰

大卜至原兆　釋曰大卜所掌先三兆後三易次三夢者筮短龜長夢以叶卜筮故以先後爲次　注兆者至之兆　釋曰云兆者灼龜發於火有此依下文華氏云凡卜以明火爇燋遂龡其焌契是以火灼龜其兆發於火也云其形可占者則占人云君占體大夫占色之等彼不云占玉瓦原體色中含之是其形可占也云象似玉瓦原之舋罅謂破而不相離也謂似玉瓦原之破裂或解以爲玉瓦原之色云是用名

之号者謂用是洪瓦原名之爲玉兆瓦兆原兆也云
上古以來作其法可用者有三者但卜筮是先聖王
之所作蓋伏犧時已有其時未有此玉瓦原之名至
顓頊以來始有此名故云然也云原原田也者謂若
左氏僖二十八年傳云原田每每以其原與原田字
同故爲此傳解也子春云玉兆帝顓頊之兆瓦兆帝
堯之兆原兆有周之兆者趙商問此并問下文子春
云連山宓戲歸藏黃帝今當從此說以不敢問杜子
春何由知之鄭荅云此數者非無明文改之無據故
著子春說而已近師皆以爲夏殷周鄭既爲此說故

易贊云夏曰連山殷曰歸藏又注禮運云其書存者
有歸藏如是玉兆為夏瓦兆為殷可知是皆從近師
之說也案今歸藏坤開筮帝堯降二女以舜妃又見
節卦云殷王其國常毋谷若然依子春之說歸藏黃
帝得有帝堯及殷王之事者蓋子春之意宓戲黃帝
造其名夏殷因其名以作易故鄭云改之無據是以
皇甫謐記亦云夏人因炎帝曰連山殷人因黃帝曰
歸藏雖炎帝與子春黃帝不同是亦相因之義也
其經至二百　釋曰云經兆者謂龜之正經云體者
謂龜之金木水火土五兆之體云經兆之體名體為

經也云皆百有二十者三代皆同百有二十若經卦皆八然也若然龜兆有五而爲百二十者則兆别分爲二十四分云其頌千有二百者每體十繇故千二百也　注頌謂至曰兆　釋曰云頌謂繇者繇之説兆若易之説卦故名占兆之書曰繇云三法體繇之數同者上云三代兆有異此云皆百有二十皆千有二百故云體繇之數同也云其名占異者上云玉瓦原是名異其云占異者三代占兆無文異否不可知但三易名異占亦異則三兆名異占亦異可知故鄭云名占異也云百二十每體十繇者此鄭〻欲解體

有百二十而繇有千二百之意體既有百二十每體十繇則得千有二百也云體有五色又重之以墨坼也者案占人云君占體大夫占色史占墨卜人占坼彼注云體兆象色兆氣墨兆廣坼兆璺若然體色墨坼各不同今鄭云體有五色又重之以墨坼則四者皆相因而有也何者以其有五行兆體々中有五色既有體色則因之以兆廣狹為墨又因墨之廣狹支分小璺為坼是皆相因之事也今每體有十繇其體有五色曰雨曰濟之等其色統得體每色皆有墨坼則五色中各有五墨坼含得五色不復別云五色似

若八卦々別重得七通率為八卦揔云八々六十四
卦不復別云八卦以其六十四卦含有八卦故也云
洪範所謂曰雨曰濟曰圛曰蟊曰尅者彼鄭注云曰
雨者兆之體氣如雨氣然曰濟者兆之光明如雨止
曰蟊者氣不澤鬱冥也曰圛者色澤者曰尅者氣色
相犯入此鄭義若孔注則云有似雨者有似雨止者
蟊謂陰闇圛氣落圛不連屬尅兆相交錯與鄭異也
掌三至周易注易者至黄帝　釋曰云易者揲蓍
變易之數可占者也者案易繫辭云分之為二以象
兩掛一以象三揲之以四以象四時歸奇於扐以象

閏此是揲蓍變易之數可占者也 就易文卦畫七八
爻稱九六用四十九蓍三多為交錢六為老陰也 三
少為重錢九為老陽也兩多一少為單錢七為少陽
也兩少一多八為少陰也夏殷易以七八不變為占
周易以九六變者為占案襄九年左傳云穆姜薨於
東宮始往而筮之遇艮之八注云爻在初六九三六
四六五上九唯六二不變連山歸藏之占以不變者
為正但周易占九六而云遇艮之八是據夏殷不變
為占之事云名曰連山似山出內氣也者此連山易
其卦以純艮為首艮為山山上山下是名連山雲氣

出内於山故名易為連山歸藏者万物莫不歸而藏
於其中者此歸藏易以純坤為首坤為地故万物莫
莫不歸而藏於其中者此歸藏易以純坤為首坤為
地故万物莫不歸而藏於中故名為歸藏也鄭雖不
解周易其名周易者連山歸藏皆不言地號以義名
易則周非地號以周易以純乾為首乾為天〻能周
帀於四時故名易為周也必以三者為首者取三正
三統之義故律歷志云黄鍾為天統黄鍾子為天正
林鍾為地統未之衝丑故為地正大蔟為人統寅為
人正周以十一月為正天統故以乾為天首殷以十

十二月為正地統故以坤為首夏以十三月為正人統人無為卦首之理艮漸正月故以艮為首也杜子春云連山宓戲歸藏黄帝者鄭志荅趙商云非無明文改之無據且從子春近師皆以為夏殷也　其經至有四　釋曰云經卦皆八者謂以卦為經即周易上經下經是也皆八者連山歸藏周易皆以八卦乾坤震巽坎離艮兑為本其別六十四鄭云謂重之數通本相乘數之為六十四也　注三易至之數　釋曰云三易卦別之數亦同者三代易之卦皆八而別皆六十四亦如上三兆體別之數故云亦同云其名占

異也有其名謂連山歸藏周易是名異也占異者謂連山歸藏占七八周易占九六是占異也云每卦八别者重之數者據周易以八卦為本是八卦重之則得六十四何者伏犧本畫八卦直有三爻法天地人後以重之重之法先以乾之三爻為下體上加乾之三爻為純乾卦又以乾為下體以坤之三爻加之為泰卦又以乾為本上加震之三爻於上為大壯卦又以乾為本上加巽於上為小畜卦又以乾為本上加坎卦於上為需卦又以乾為本上加離卦於上為大有卦又以乾為本上加艮於上為大畜卦又以乾為

本加兌卦於上為夬卦此是乾之一重得七為八又
以坤之三爻為本上加坤為純坤卦又以坤為本上
加乾為否卦又以坤為本上加震為豫卦又以坤為
本上加巽為觀卦又以坤為本上加坎為比卦又以
坤為本上加離為晉卦又以坤為本上加艮為剝卦
又以坤為本上加兌為萃卦是亦通本為八卦也自
震巽坎離艮兌其法皆如此則為八八六十四故鄭
云別有重之數後鄭等以為伏犧畫八卦神農重之
諸家以為伏犧畫八卦還自重之　掌三至咸陟
注夢者至作焉　釋曰云夢者人精神所寤可占者

謂人之寐形魄不動而精神寤見覺而占之故云精神所寤可占者也云致夢言夢之所至者訓致為至故云夢之所至也云夏后氏作焉者上文三兆三易有子春所解且從子春至於餘文正解即從近師所說此三夢子春等不說故即從近師為夏殷周也云讀如王德翟人之德者案僖二十四年左傳云王德翟人以其女為后德亦為得義故讀從之故杜子春讀觭為奇偉之奇讀從家語云謂觭讀如諸戎掎之掎〻亦得也者案襄十四年左傳云戎子駒支曰秦師不復我諸戎實然譬如捕鹿晉人角之諸戎掎之

是猗為得也　其經至九十　注運或至今亡　釋曰運或作緷者此經運一部周禮或作緷字並不從故云當為煇讀從視祲十煇之煇故引視祲所掌十煇為證也云王者於天日也夜有夢則書視日旁之氣以占其吉凶者此案占夢云以日月星辰占六夢之吉凶注引趙簡子夜夢日而日食史墨占之又視祲有十煇之法五曰闇先鄭云謂日月食餘九煇皆日旁氣故以日旁氣解之云凡所占者十煇每煇九變者此類上三兆三易皆有頌别之數此經煇十其别有九十以義言之明一煇九變故為九十解之云

此術今云者數見十煇為九十變此術今亡未知其義耳　以邦至曰瘳　釋曰云以邦事者謂國家有大事須卜故特作龜而命之其事有八　注國之至是也　釋曰云國之大事待蓍龜而決者有八者謂此八者皆大事除此八者即小事入於九筮也若然大事卜小事筮此既大事而兼言筮者凡大事皆先筮而後卜故兼言蓍也云定作其辭於將卜以命龜也者凡命龜辭大夫已上有三命筮辭有二士命龜辭有二命筮辭一知者案士喪礼命筮者命曰哀子某為其父某甫筮宅度茲幽宅兆基無有後艱筮人

許諾不述命注云既命而申之曰述不述者士礼畧
凡筮因會命筮為述命及卜葬日云涖卜命曰哀子
某來日某卜葬其父某甫考降無有近悔許諾不述
命還卽席乃西面坐命龜注云不述命亦士礼畧凡
卜述命〻龜異龜重威儀多也命筮云不述下無西
面命筮明命筮述命作一辭不述命則其所命龜筮
辭兼在其中故曰因命也卜云不述命猶有西面命
龜則知命龜與述命異故曰述命〻龜異龜重威儀
多是士礼命龜辭有二命筮辭有一之事大夫已上
命筮辭有二令龜辭有三者案少牢云史執筴受命

於主人曰孝孫某來日丁亥用薦歲事於皇祖伯某以某妃配某氏尚饗史曰諾又述命曰假爾大筮有常孝子某已下與前同以其述命述前辭以命筮是述命有大夫筮既得述命即卜亦得述命也是知大夫以上命龜有三命筮有二也先鄭云征謂征伐人也後鄭從之云象謂災變雲物如衆赤烏之屬有所象似者案哀六年楚子卒是歲有雲如衆赤烏夾日以飛三月使問諸周大史〻曰其當王身乎若禜之可移令尹司馬是赤烏之事云易曰天垂象見吉凶春秋傳曰天事恒象者昭十七年冬有星孛於大辰

西及漢申須曰彗所以除舊布新也天事恒象是也
此所解後鄭不從之與謂予人物後鄭亦不從云謀
謂謀議後鄭從之果謂事成與不後鄭亦不從云至
謂至不也雨謂雨不也瘳謂疾瘳不也此後鄭皆從
也玄謂征亦云行巡守也者增成先鄭義知征兼有
巡守者左氏傳鄭盧胥云先王卜征五年歲襲其祥
是征亦得為巡狩之事也云易曰以制器者尚其象
者上繫辭文注云此者存於器象可得而用一切器
物及造立皆是云與謂所與共事不從先鄭予人物
者與物情義可知不須卜與人　共事得失不可知故

須卜也云果謂以勇決爲之若吳伐楚者昭十七年吳人伐楚陽匄爲令尹卜戰不吉司馬子魚曰我得上流何故不吉且楚故司馬令龜我請改卜令曰魴也以其屬死之楚師繼之尚大克之吉戰于長岸子魚先死楚師繼之大敗吳師是果決之事也以八命至救改　釋曰云以八命者贊三兆三易三夢之占者以上文八事命龜之辭贊佐也佐明三兆三易三夢之占辭將此辭演出其意以觀國家之吉凶詔告也凶則告凶救其改使王改過自新　注鄭司農至其改　釋曰先鄭云以此八事命卜筮蓍龜參之以

夢者先筮後卜聖人有大事必夢故又參之以夢云
故曰以八命者贊三兆三易三夢之占者此先鄭不
釋贊意後鄭增成其義云春秋傳曰筮襲於夢武王
所用者案昭七年左傳云衛靈公之立成子以周易
筮之遇屯之比以示史朝史朝曰元亨又何疑焉又
云筮襲於夢武王所用也弗從何為外傳曰大誓曰
朕夢協朕卜襲於休祥戎商必克此外內傳相包乃
具列之者證夢與卜筮相參也玄謂非徒占其事吉
則為否則止者此解以八命〻龜之常事也云又佐
明其繇之占演其意以視國家餘事之吉凶者以釋

八命者贊三兆三易三夢之占以觀國家之吉凶也

凡國至作龜　釋曰言凡國大貞者言凡非一貞正也凡國家有大事正問於龜之事有二則卜立君卜大封是也云則眡高作龜者凡卜法在禰廟〻門閾外閾西南北面有席先陳龜於廟門外之西塾上又有貞龜貞龜謂正龜於閾外席上又有涖卜命龜眡高作龜六節尊者宜逸卑者宜勞從下向上差之作龜眡高二者勞事以大貞事大故大卜身爲勞事則大宗伯臨卜其餘陳龜貞龜皆小宗伯爲之也　注

卜立至作龜　釋曰鄭云君無冢適卜可立者若然

君無冢適則有卜法案昭二十六年王后無適則擇立長年鈞以德〻鈞以卜王不立愛公卿無私古之制也休以為春秋之義三代異建適媵則貴賤有姪娣以辨親疏立適以長不以賢立子以貴不以長王后無適明尊之敬之義無所卜筮不以賢有人狀難別嫌有所私故絕其怨望防其覬覦今如左氏言云年鈞以德〻鈞以卜君之所賢不必從之豈復有卜隱桓之禍皆由是興乃曰古制不亦謬哉又大夫不世如并為公卿適計嗣之礼左氏為短玄箴之曰立適固以長矣無適而立子固以貴矣今言無適則擇

立長謂貴均如立長王不特立愛之法年均則會羣臣羣吏萬民如詢之有司以序進而問大衆之中非君所能掩是王不得立愛之法也礼有詢立君示義在此距之言謬失春秋與礼之義矣公卿之世立者有功德先王之命有所不犯如是此中卜立君亦是年均德均也云卜大封謂竟界侵削卜以兵征之若魯昭元年秋叔弓帥師疆鄆田是也案彼莒魯爭鄆故魯叔弓往定其疆界以其出兵故須卜知吉凶也云視高以龜骨高者可灼處示宗伯也者以鄭言示宗伯則示字不得為視但古字通用以目視物以物

示人同爲視也知大事宗伯臨卜者案大宗伯云祀
大神享大鬼祭大示帥執事而卜日官尊故知涖卜
也云大事宗伯臨則小事不使宗伯故下文云凡小
事涖卜是大卜臨之也云卜用龜之腹骨々近足者
其部高者言龜近四足其下腹骨訃然而高々處灼
之也先鄭云貞問也者謂正意問龜非謂訓貞爲問
也云國有大疑問於蓍龜者義取尚書洪範云女則
有大疑謀及乃心謀及卜筮是也云作龜謂鑿龜令
可爇也者案下華氏云凡卜以明火爇燋鑿即灼也
故云令可爇也玄謂易曰師貞丈人吉者此師卦繇

辭丈人者嚴莊之辭則法須嚴莊則吉云作龜謂以
火灼之以作其兆也者作謂發使璺坼云春灼後左
已下並取義於禮記中庸故彼云國家將興云見於
蓍龜動於四體鄭注云四體龜之四足亦云春占後
左夏占前左秋占前右冬占後右彼云占此云灼即
灼而占之亦一也云士喪礼者彼謂卜葬日引之證
有示高作龜之事彼云士宗族長尊故云臨卜也大
祭至命龜　注命龜至命龜　釋曰云不親作龜者
大祭祀輕於大貞也者大貞之內有立君大封大卜
作龜不命龜此大祭祀不作龜進使命龜作龜是勞

事故云大祭祀軷於大貞也引士喪礼宗人即席西面坐命龜者證天子命龜處所與士礼同　凡小事涖卜　注代宗伯　釋曰凡大事卜小事筮若事小當入九筮不合入此大卜　大卜云小事者此謂就大事中差小者非謂筮人之小事也小事既大卜涖卜則其餘仍有陳龜已下則陳龜貞龜命龜視高皆卜師為之其作龜則卜人也大宗伯亦命卿小宗伯四命中大夫大卜亦四命大夫卜師上士卜人中士其大宗伯涖卜大卜視高作龜其中陳龜貞龜命龜皆小宗伯為之下文亦還大師大卜貞龜貞龜上有涖

卜亦大宗伯爲之陳龜亦宜小宗伯也其命龜視高
卜師作龜卜人次下云凡旅陳龜則唯卜仍是大宗
伯貞龜命龜視高命卜師亦卜人作龜次下云凡喪
事命龜命龜之上有陳龜貞龜亦小宗伯唯卜還是
大宗伯視高作龜卜師也　國大至貞龜　注正龜
至祭祀　釋曰正龜於卜位〻〻即闑外席上也故
引士喪禮爲證也云又不親命龜亦大遷大師莅於
大祭祀者以命龜在貞龜後而爲勞故云莅於大祭
祀也凡旅陳龜　注陳龜至大師　釋曰云陳龜於
饌處也者饌處謂在西塾南首故引士喪禮爲證也

云亦以卜旅祭非常輕於大遷大師者案大宗伯国有故旅上帝及四望則祀天亦是大祭祀而輕於大遷大師退在下者鄭以旅為非常祭故也　凡喪事命龜　注重喪至降焉　釋曰云重喪禮次大祭祀也者大祭祀大卜非直命龜兼視高此喪事亦命龜與大祭祀同但不兼視高即輕於大祭祀也但以喪事為終故文退在凡旅下也云士喪礼則筮宅卜日天子卜葬兆者欲見此經天子法卜葬日與士同其宅亦卜之與士異孝經云卜其宅兆亦據大夫已上若士則筮宅也云凡小事大卜陳龜貞龜命龜視高者

據此大卜所掌皆是大事故大卜或陳龜或貞龜或
視高雖不言作龜於大貞亦作龜不言之者在其他
以差降之中云其他以差降者更有臨卜已下至作
龜官之尊卑以次為之是也案上所解陳龜在前堂
於命龜而士喪礼卜人卑而陳龜宗人尊而令龜在
後者士之官少故所執不依官之尊卑也　卜師至
于兆　注開々至未聞　釋曰云開々出其占書也
者鄭意兆出於龜其體一百二十今云用龜之四兆
謂開出其占兆之書分為四部若易之二篇故引金
縢為證也云開籥見書謂啓匱以籥乃見其書云是

謂與者但開出占兆書爲四兆以意言無正文故云是謂與以疑之云其云方功義弓之名未聞者但名此四部爲方功義弓必有其義但無文以言疑事無質故云未聞也　凡卜事眡高　注示涖卜也　釋曰案上大卜而言則大貞使大卜眡高令云凡卜眡高者謂大卜不眡高者皆卜師眡高以龜高處示臨卜也　揚火至其墨　注揚猶至其兆　釋曰致其墨者熟灼之明其兆者案占人注墨兆廣也墨大坼明則逢吉坼稱明墨稱大今鄭云熟灼之明其兆以解墨者彼各偏據一邊而言其實墨大兼明乃可得

吉故以明解墨　凡卜至相之　釋曰卜師辨此龜上下左右陰陽六龜授命龜者據大卜命龜之人無定俱是命龜即辨而授之　注所卜至威儀　釋曰云所卜者當各用其龜也者即上下左右陰陽者是也云大祭祀喪事已下皆據大卜而言則知大貞小宗伯命龜者以其大貞大卜下大夫視高之上有命龜貞龜陳龜小宗伯中大夫尊於大卜卑於大宗伯故知大貞小宗伯命龜也云其他卜師命龜者其他謂凡小事大卜臨卜大遷大師大卜貞龜凡旅大卜陳龜如此之輩則卜師命龜卜師命龜則卜人作龜

卜人灼龜則亦辨龜以授卜師案序官卜人中士八人於此不列其職者以其與卜師同職不見之也云上仰者也者爾雅云仰者謝言此經上即爾雅云仰者也此已下皆據爾雅及下文而言案爾雅云龜俯者靈行頭低仰者謝行頭仰前弇諸果甲前長後弇諸獵甲後長左倪不類行頭左庳右倪不若行頭右庳故鄭據而言焉云詔相告以其辭及威儀者辭謂命龜之辭威儀者謂若士喪礼卜日在廟門外臨卜在門東西面龜在閾外席上西首執事者門西東面行立皆是威儀之事也　龜人至辨之　釋曰云各

有名物〻色也六方之龜各有其名其色各異也

注屬言至為贏　釋曰云龜俯者靈已下鄭亦取爾雅云俯者靈此云天龜曰靈屬為一物但天在上法之故向下低也爾雅云仰者繹此云地龜曰繹同稱故為一物但地在下法之故向上仰爾雅云前弇果此云東龜曰果同稱果故為一物但在陽方故甲向前長而前弇也云後弇獵此云南龜曰獵故為一物亦在陽方故甲後長而後弇云左倪靁者爾雅云左倪不類〻〻即雷一也以其在陰方故不能長前後而頭向左相睥睨然云右倪若者爾雅云右倪不若

云右倪若者爾雅云右倪不類不若即若也同稱若故為一物亦在陰方故亦不長前後而頭向右睥睨然云是其體也者體有二法此經體據頭甲而言占人云君占體〻謂兆象與此異也云東龜南龜長前後在陽象經也據甲而言凡天地之間南北為經東西為緯云西龜北龜長左右在陰象緯也者據頭為說此解稱果獵之意云天龜俯地龜仰東龜前南龜卻西龜左北龜右各從其耦者此鄭解兩〻相對為長短低仰之意也杜子春讀果為嬴者此龜前甲長後甲短露出邊為嬴露得為一義故鄭引之在下凡

吉故以明解墨　凡卜至相之　釋曰卜師辨此龜
上下左右陰陽六種授命龜者據大卜命龜之人無
定俱是命龜即辨而授之　注所卜至威儀　釋曰
云所卜者當各用其龜也者即上下左右陰陽者是
也云大祭祀喪事已下皆據大卜而言則知大貞小
宗伯命龜者以其大貞大卜下大夫視高之上有命
龜貞龜陳龜小宗伯中大夫尊於大卜卑於大宗伯
故知大貞小宗伯命龜也云其他卜師命龜者其他
謂凡小事大卜臨卜　大遷大師大卜貞龜凡旅大卜
陳龜如此之輩則卜師命龜卜師命龜則卜人作龜

卜人灼龜則亦辨龜以授卜師案序官卜人中士八人於此不列其職者以其與卜師同職不見之也云上仰者也者爾雅云仰者謝言此經上卽爾雅云仰者也此已下皆據爾雅及下文而言案爾雅云龜俯者靈行頭低仰者謝行頭仰前弇諸果甲前長後弇諸獵甲後長左倪不類行頭左庳右倪不若行頭右庳故鄭據而言焉云詔相告以其辭及威儀者辭謂命龜之辭威儀者謂若士喪禮卜日在廟門外臨卜在門東西面龜在闑外席上西首執事者門西東面行立皆是威儀之事也　龜人至辨之　釋曰云各

有名物々色也六方之龜各有其名其色各異也
注屬言至爲贏　釋曰云龜俯者靈已下鄭亦取爾
雅云俯者靈此云天龜曰靈屬爲一物但天在上法
之故向下低也爾雅云仰者繹此云地龜曰繹同稱
故爲一物但地在下法之故向上仰爾雅云前弇果
此云東龜曰果同稱果故爲一物但在陽方故甲向
前長而前弇也云後弇獵此云南龜曰獵故爲一物
亦在陽方故甲後長而後弇云左倪靁者爾雅云左
倪不類々々即雷一也以其在陰方故不能長前後
而頭向左相睥睨然云右倪若者爾雅云右倪不若

云右倪若者爾雅云右倪不若不若即若也同稱若
故為一物亦在陰方故亦不長前後而頭向右睥睨
然云是其體也者體有二法此經體據頭甲而言占
人云君占體〻謂兆象與此異也云東龜南龜長前
後在陽象經也據甲而言凡天地之間南北為經東
西為緯云西龜北龜長左在陰象緯也者據頭為
說此解稱果獵之意云天龜俯地龜仰東龜前南龜
卻西龜左北龜右各從其稱者此鄭解兩〻相對為
長短低仰之意也杜子春讀果為贏者此龜前甲長
後甲短露出邉為贏〻露得為一義故鄭引之在下凡

取至龜室　釋曰云各以其物入于龜室龜有六室
物色也六龜各入於一室以其舊龜歲易秋取春攻
龜即欲易去前龜也　上春至先卜注釁者至龜耳
釋曰云釁者殺牲以血之神之也者謂若礼記雜
記云廟成則釁之廟用羊門夾室用雞之類皆是神
之故血之也先鄭云祭祀先卜者卜其日與其牲後
鄭不從者以其此官不主卜事故不從也故解先卜
始用卜筮者云言祭言祀尊焉天地之也者案大宗
伯天稱禋祀稱血祭是天地稱祭祀今此先卜是人
鬼曰享而云祭祀與天地同稱故云尊焉天地之也

云世本作同巫咸作筮卜未聞其人也者曲礼云卜
筮者先聖王之所以信時日 其易所作即伏犧為之
矣但未有揲蓍之法至巫咸乃教人為之故巫咸得
作筮之名未聞其源世本又不言其人故云未聞其
人也云是上春者夏正建寅之月〻令孟冬云釁祠
龜筴相互矣者然周與秦各二時釁龜筴月令孟冬
釁則周孟冬亦釁之周以建寅上春釁秦亦建寅上
春釁之故云相互也云秦以十月建亥為歳首則月
令秦世之書亦或欲以歳首釁龜耳者據此注則周
秦各一時釁此鄭兩解案月令注云周礼龜人上春

釁謂建寅之月秦以其歲首使大史釁龜筮與周異矣彼注與此後注義同也　若有至以往　注奉猶至於卜　釋曰此云祭事不辨外内則外内俱當卜皆奉龜以往所當卜處　旅亦至如之　釋曰旅謂祈禱天地及山川喪謂卜葬宅及日皆亦奉龜往卜處也案爾雅有十龜一曰神龜〻之最神明者二曰靈龜涪陵郡出大龜甲可以卜緣中文似瑇瑁俗呼為靈龜即今大蟕蠵龜也一曰靈蠵能鳴也三曰攝龜小龜也腹甲曲折解能自張閉好食蛇江東呼為陵龜也四曰寶龜大寶龜也五曰文龜甲有文采者

也河圖曰靈龜負書丹甲青文六曰筮龜常在蓍叢
下也七曰山龜八曰澤龜九曰水龜十曰火龜山澤
水火皆說生之處所也火龜猶火鼠也　華氏至卜
事　注杜子至存大　釋曰子春讀燋樵二者皆依
俗讀爲柴樵之樵後鄭不從依音爲雀意取莊子爝
火之義燋燋然也玄謂士喪禮曰楚焞置于燋在龜
東者謂陳龜於西塾上龜南首燋在龜東置楚焞于
上言楚焞者謂荆爲楚用之焞龜開兆故云楚焞也
凡卜至役之　釋曰云遂吹其焌契以授卜師者
謂若大卜視高已上則卜師作龜故以焌契授卜師

若差次使卜人作龜則授卜人言遂役之者因事曰遂以因授契訖即受卜師所役使也　注杜子至助之　釋曰子春云明火以陽燧取火於日者此秋官司烜氏職文謂將此明火以燒燋燋使然也云焌讀爲英俊之俊者意取荊燋之中英俊者爲楚焞用之灼龜也後鄭讀焌爲戈鐏之鐏者讀從曲礼云進戈者前其鐏意取銳頭以灼龜也云謂以契柱燋火而吹之也者解經遂吹其焌契謂將此焌契以柱於燋火吹之使熾也　占人至吉凶　注占人至占彖

釋曰云占人亦占筮言掌占龜者筮短龜長主於長

者占筮即此經云以八筮占八頌又云以八卦占筮之八故並是占筮故序云掌占龜不云占筮故云主於長者也鄭知筮短龜長者案左氏僖四年傳云初晉獻公欲以驪姬爲夫人卜之不吉筮之吉公從筮卜人曰筮短龜長不如從長是龜長筮短之事龜長者以其龜知一二三四五天地之生數知本易知七八九六之成數知末是以僖十五年傳韓簡云龜象也筮數也物生而後有象象而後有滋滋而後有數故象長如易歷三聖而成窮理盡性云短者以其易雖窮理盡性仍六經並列龜之繇辭辭若讖緯圖書

不見不可測量故為長短馬融曰云筮史短龜史長者非鄭義也云以八筮占八頌謂將卜八事先以筮筮之者凡大事皆先筮而後卜此八者還是上文大事之八也凡筮之卦自用易之爻占之龜之兆用頌辭占之今言八筮占八頌者鄭云同於龜占也以其吉凶是同故占筮之辭亦名頌故云同於龜占龜、占則繇辭是也云以八卦占筮之八故謂八事不卜而徒筮之也者此出人君之意此八事即大卜大事之八故令先筮後卜今人君欲得徒筮吉凶吉則行之不假更卜故云占筮之八故云非八事則用九筮占人亦占焉者此云九筮即下筮人所云九筮即下筮人所云九筮是也知占人亦占焉者以其占人於此占筮明下九筮亦占可知也　凡卜至占坼　注體兆至逢吉　釋曰此君占體已下皆據卜而言而兼云筮者凡卜皆先筮故連言之云體兆象也者謂金木水火土五種之兆言體言象者謂兆之璺縱橫其形體象似金木水火土也凡卜欲作龜之時灼龜之四足依四時而灼之其兆直上向背者為木兆直下向足者為水兆邪向背者為火兆邪向下者為金兆橫者為土兆是兆象也云色兆氣也者就兆中視

其色氣似有雨及雨止之等是兆色也墨兆廣也者據兆之正釁處爲兆廣坼兆釁者就正墨旁有奇釁罅者爲兆釁也云體有吉凶色有善惡墨有大小坼有微明者據鄭後云象吉色善墨大坼明則逢吉若然則此四者各舉一邊而言則善與大及明皆是吉惡小及微皆凶也引周公卜武王是尚書金縢彼爲武王有疾不愈恐死周公欲代武王死爲三壇同告大王王季文王以請天未知天之許不故壇祈卽卜云三龜一習吉啓籥見書乃幷是吉周公曰體王其無害引之者證君占體之事也　凡卜至中否　釋

曰既事者卜筮書記卜筮皆有礼神之幣及命龜筮之辭書其辭及兆於簡策之上并繫其幣合藏府庫之中至歲終揔計占之中否而句考之　注杜子至龜書　釋曰子春云繫幣者以帛書其占繫之於龜也者後鄭不從云書其命龜之事及兆於策者云既卜筮即筮亦有命筮之辭及卦不言者舉龜重者而略筮不言可知或可筮短龜長直據龜而言其筮則否書曰已下亦金縢文案彼武王崩後周公攝政遭管蔡流言成王未寤遭雷風之變王與大夫盡弁弁謂爵弁應天變之服以啓金縢之書乃得周公所

自以為功之事也事謂請命之事故云代武王之說
是命龜書也引之證比其命藏之事也○簭人至吉
凶　釋曰此筮人掌三易者若卜用三龜此筮人用
三易故云掌三易也　注此九至師不　釋曰鄭破
巫為筮者此簭人掌筮不主巫事故從筮也云更謂
筮遷都邑也者此遷都謂公卿大夫之都邑鄭荅趙
商若武王遷洛盤庚遷殷之等則卜故大卜有卜大
遷之事云咸猶僉也謂筮衆心歡不也者謂國有營
建之事恐衆心不齊故筮之也云式謂筮制作法式
也者式是法式故知制作法式也　云目謂事衆筮其

要所當也者是要目之事故論語顏回云請問其目鄭云欲知其要顏回意以禮有三百三千卒難周備故請問其目此云事衆故亦筮其要目所當者也云易謂民衆不說筮所改易者改易之事上既有更爲遷都邑故以此易爲民衆不和說須筮改易政教之事云比謂筮與民和也者比是相親比之事故比卦云建万國親諸侯故知比爲筮與民和比云祠謂筮牲與日也者案大卜大祭祀而卜之今此祀不卜而筮者彼大祀用卜此謂小祭祀故用筮也云參謂筮御與右也者云參謂參乘之事故知是御及車右勇

力與君為參乘故筮之也云環謂筮可致師不者此環與環人字同彼環人主致師引宣公十二年楚許伯御樂伯攝叔為右以致晉師之事明此經筮環亦是主致師以不之事也趙商問僖十五年秦晉相戰晉卜右慶鄭吉襄二十四年晉致楚師求御於鄭〻人卜宛射犬吉皆用卜今此用筮何鄭荅天子具官有常人非一人致筮可使者諸侯兼官無常人故臨時卜之也且此云筮是國之大事先筮而後卜曲礼注引春秋獻公卜娶驪姬不吉公曰筮之請明所據又尚書龜從 凡國至後卜 注當至不卜 釋曰

此大事者即大卜之八命及大貞大祭祀之事大卜
所掌者皆是大事皆先簭而後卜故鄭云當用卜者
先簭之即事漸也者簭輕龜重賤者先即事故云即
事漸也云於簭之凶則止者曲禮云卜簭不相襲若
簭不吉而又卜是卜襲簭故於簭凶則止不卜案洪
範云龜從簭逆又云龜簭共違於人彼有先卜後簭
簭不吉又卜與此經違者彼是箕子所陳用殷法殷
質故與此不同　上春相簭　注相謂至者與　釋
曰上春謂建寅之月歲之始除舊布新故更選擇其
蓍易去其舊者據此則蓍歲易也衆云龜者龜人云

攻龜用春時明亦以新易故〻知龜亦歲易此龜之
歲易者謂龜人天地四時之龜若大宝龜等非常用
之龜不歲易　占夢至之氣　注其歲至前後　釋
曰鄭云其歲時今歲四時也者但天地之會陰陽之
氣年〻不同若今歷日今歲亦與前歲不同故云今
歲四時也云天地之會建厭所處之日辰者建謂斗
柄所建謂之陽建故左還於天厭謂日前一次謂之
陰建故右還於天故堪輿天老曰假令正月陽建於
寅陰建在戌日辰者日據幹辰據支云陰陽之氣休
王前後者案春秋緯云王者休王所勝者死相所勝

者囚假令春之三月木王水生木水休木勝土〻死
木王火相王所生者死相所勝者囚火勝金春三月
金囚以此推之火王金王水王義可知觀此建厭所
在辨陰陽之氣以知吉凶也　以日至吉凶　釋曰
六夢者即下云一曰二曰是也　以日月星辰占知者
謂夜作夢且於日月星辰以占其夢以知吉凶所在
注日月至則亡　釋曰張逸問占夢注云春秋昭
三十一年十二月辛亥朔日有食之是夜也趙簡子
夢童子倮而轉以歌旦而日食占諸史墨對曰六年
及此月也吴其入郢乎終亦弗克入郢必以庚辰日

月在辰尾庚午之日〻始有謫火勝金故弗克此以
日月星辰占夢者不知何術占之前闕不了昔曰月
月在辰尾夏之九月辰在房未有尾星建戌厭寅與
申對辰與戌對申近庚辰與戌對故知庚辰〻下為
主人故午為主人金侵火故不勝雖不勝即復故云
弗克月有適氣時九月節者以庚午在甲子篇辛亥
在甲辰篇也中有甲戌甲申甲午戌一月也從庚午
以下四日從甲辰至辛亥八日并之十二日通同四
十二日如是庚午之日當在八月十九日故言時得
九月節也　言雖不勝即復者以其庚金午火位相連

故云雖不勝即復也言雖不勝者吴君臣争宫秦救
復至不能定楚是其不勝不能損吴是其即復也問
曰何知有此厭對之義乎荅曰案堪輿黄帝問天老
事云四月陽建於巳破於亥陰建於未破於癸是為
陽破陰ゝ破陽故四月有癸亥為陰陽交會十月丁
巳為陰陽交會言未破癸者即是未與丑對而近癸
也交會惟有四月十月也若有變異之時十二月皆
有建厭對配之義也云則今八會其遺象也者案堪
輿大會有八也小會亦有八服氏云是歲ゝ在折木
後六年在大梁ゝゝゝ水宗十一月日在星紀為吴國

分楚之先顓頊之子老童老童楚象行歌象楚走哭姬姓日々在星紀星紀之分姬姓吴世楚衰則吴得志吴世々興楚怨楚走去其國故曰吴其入郢吴屬水々數六十月水位故曰六年及此月也有適而食故知吴終亦不克又彼注云後六年定四年十一月閏餘十七閏在四月後其十一月晦々庚辰吴入郢在位東後復此月也十二月辛亥日月會於龍尾而食庚午日初有適故曰庚辰一曰日月在辰尾々為亡臣是歲吴始用子胥之謀以伐楚故天垂象又注云午火庚金也火當勝金而反有適故為不克晉諸

侯之霸與楚同盟趙簡子爲執政之卿遠夷將伐同盟日應之貪故夢發簡子服氏以庚午之日〻始適火勝金故不克入楚必以庚辰此與鄭義别其詳略相依也問曰周之十二月夏之十月日夏體正應在析木而云在星紀何荅曰據此月中有十一月節故舉言之成長以爲誤也此六夢蓋三王同有六夢法也　一曰正夢　注無所至自夢　釋曰鄭知無感動平安自夢者以其言正是平安之義故知無所感動平安自夢　二曰噩夢　注杜子至而夢　釋曰以其言噩〻是驚愕之意故子春讀噩從驚愕解之

三曰思夢　注覺時至而夢　釋曰以其思是思念
之意故觧云覺時所思念而夢也　四曰寤夢　注
覺時道之而夢　釋曰以其字爲覺寤之字故知覺
寤時道之睡而夢也　五曰喜夢　注喜說而夢
釋曰以其字爲喜說之字故知未睡心說睡而爲夢
六曰懼夢　注恐懼而夢　釋曰以其字爲恐懼
之字故云恐懼而夢　季冬至受之　釋曰季冬歲
終除舊爲惡擬來歲布新善故問王夢之善惡夢惡者
贈去之下文是也獻善夢於王者歸美於王　注聘
問至吉夢　釋曰云夢者事之祥者若對文禎祥是

善妖孽是惡藏文祥中可以兼惡夢者有吉有惡故
云夢者事之祥也云吉凶之占在日月星辰者即上
文以日月星辰占六夢之吉凶是也云季冬日窮于
次月窮於紀星迴於天數將幾終者皆月令文日窮
於次者次謂日辰所在季冬日月會于玄枵是日窮
於次月窮於紀謂星紀日月五星會聚之處月謂斗
建所在十二月斗建丑故云月窮於紀星迴於天者
星謂二十八宿十三月復位此十二月未到本位故
直云星迴於天數將幾終者幾近也至此十二月歷
數將終云於是發幣而問焉若休慶之云爾者鄭以

禮動不虛必以幣帛行礼乃始聞王故云發幣而問焉休美也聞王夢若美處云爾云因獻群臣之吉夢於王歸美焉者君吉夢由於群臣統臣功故獻吉夢歸美於王也詩云牧人乃夢是無羊美宣王詩也牧人乃夢衆維魚矣旐維旟矣者牧人謂牧牛羊之人彼注衆維魚矣豐年之祥旐旟所以聚衆引之者證獻吉夢之事　乃舍至夢　注杜子至故惡　釋曰子春之説舍萌爲毆疫案下文自有毆疫於此以舍萌爲之其義不可故後鄭不從者謂舍萌猶釋采也者案王制有釋采奠幣之事故從之云萌菜始生

也者案樂記區萌達鄭注云屈生曰區芒而直出曰萌故知萌菜始生者云欲以新善去故惡者舊歲將盡新年方至故於此時贈去惡夢　遂令始難毆疫　釋曰因事曰遂上經贈惡夢遂令方相氏始難毆疫　注令令至寒氣　釋曰先令令方相氏以方相氏專主難去故先令方相氏云難謂執兵以有難卻也者所引方相氏以下是也杜子春云儺讀為難問之難者以其難去疫癘故為此讀又引月令云季春之月命國儺案彼鄭注此月之中日行歷昴昴有大陵積尸之氣氣佚則厲鬼隨而出行故難之云命國

難者唯天子諸侯有國者令難云九門磔攘者九門
依彼注路門應雉庫皐國近郊遠郊關張磔牲體攘
去惡氣也云以畢春氣者畢盡也季春行之故以盡
春氣云仲秋之月天子乃儺以達秋氣者案彼鄭注
云陽氣左行此月宿直昴畢昴畢亦得大陵積尸之
氣〻佚則厲鬼亦隨而出行故難之以通達秋氣此
月難陽氣故唯天子得難云季冬之月命有司大儺
旁磔出土牛以送寒氣者案彼鄭注此月之中日歷
虛危〻〻有墳墓四司之氣爲厲鬼將隨強陰出害
人也故難之命有司者謂命方相氏言大難者從天

子下至庶人皆得難言旁磔者謂四方於四方之門皆張磔牲體云出土牛以送寒氣者鄭彼注云出猶作也作土牛者丑為牛〻可牽可止送猶畢也故作土牛以送寒氣此子春所引難引三時之難唯即季冬大難知者此經始難文承季冬之下是以方相氏亦據季冬大難而言　眡祲至吉凶　釋曰案下十煇唯一曰言祲據一曰以為官首言煇十煇之法者一曰以下十煇多是日旁之氣言煇亦是日旁煇光故惣以煇言之　注妖祥至烝也　釋曰云妖祥善惡之徵者祥是善之徵妖是惡之徵故言善惡之徵

此妖祥相對若散文祥亦是惡徵亦有祥氣之類是也鄭司農云煇謂日光氣也者就十等之中五曰闇闇謂日食則無光氣而云十煇皆謂日光氣者據多而言　一曰祲　注故書至形想　釋曰此經十事先鄭皆解之後鄭從其六不從其四先鄭云祲陰陽氣相侵也者赤雲為陽黑雲為陰如春秋傳云赤黑之祲在日旁云象者如赤烏也者楚有雲如衆赤烏在日旁者也　云鐫謂日旁氣四面反鄉如煇狀也者後鄭不從云監雲氣臨日也者後鄭亦不從云闇日月食也者以其日月如光故闇矇也　云瞢日月瞢

瞢無光也者以其瞢〻無光之貌故知無光云彌者白虹彌夫也者此從故書為迷後鄭不從云敘者雲有次敘如山在日上也者以其此十煇皆在日旁敘為次敘之字故知敘者雲氣次敘如山在日上云隮者升氣也者以其隮訓為升故隮者是升氣也此後鄭不破增成其義云想者煇光此後鄭亦不從云謂鐫讀如童子佩鐫之鐫謂日旁氣刺日也者此讀從芄蘭詩童子佩鐫讀如童子佩鐫之鐫謂日旁氣刺日也者此讀從芄蘭詩童子佩鐫能不我知鐫是錐類故為雲氣刺日云監冠珥也者謂有赤雲氣在日

云如冠耳珥即耳也今人猶謂之日珥云彌氣貫日世者以其言彌故知雲氣貫日而過云隮虹也者即爾雅螮蝀謂之虹日在東則西邊見日在西則東邊見故引詩云朝隮于西爲證也云想雜氣有似可形想者以其雲氣雜有所象似故可形想　掌安宅敘降　注宅居至移之　釋曰掌主也此官主安居者人見妖祥則意不安主安居其處不使不安故次敘其凶禍所下之地禳移之其心則安　正歲則行事　注占夢至順民　釋曰民心欲得除惡樹善占夢之官以季冬贈去惡夢至此歲之正月行是安宅

之事順民心也　歲終則弊其事　注弊斷至多少
釋曰占夢之官見有妖祥則告之吉凶之事其吉
凶或中或否故至歲終斷計其吉凶也云然否多少
者然謂中也知中否多少而行賞罰

周禮疏卷第二十八

大祝

# 周禮疏卷第二十九

唐朝散大夫行大學博士弘文館學士臣賈公彥等撰

大祝至筴祝　釋曰云掌六祝之辭者此六辭皆是祈禱之事皆有辭說以告神故云六祝之辭云以事鬼神示者此六祝皆所以事人鬼及天神地祇云祈福祥求永貞者禱祈者皆所以祈福祥求永貞之事案一曰已下其事有六祈福祥即三曰吉祝是也求永貞二曰年祝是也今特取此二事為揔目者欲見餘四者亦有此福祥永貞之事故也　注永長至罪疾　釋曰云求多福歷年得正命也者經祈福祥求

永貞祈亦求也今鄭云求多福即經祈福祥也歷年得正命即經求永貞也歷年之上宜有求鄭不言之者多福之上一求鄭則該此二事故鄭歷年之上略不言求鄭司農云順祝順豐年已下皆約小祝而說小祝有順豐年此言順祝故知當小祝順豐年也云年祝求永貞也者以祈永貞是命年之事故知年祝當求永貞也云吉祝祈福祥也者以其小祝有祈福祥之事此上總目亦有祈福祥福祥是吉慶之事故知吉祝當祈福祥也云化祝弭災兵也者弭安也安去災兵是化惡從善之事小祝有弭災兵故知化祝

當之云瑞祝逆時雨寧風旱也者小祝有逆時雨寧
風旱此逆時雨卽寧風旱寧風旱卽迎時雨對則異
理則通此二者似若天之應瑞故總謂之瑞祝云筴
祝遠罪疾者自此已上差次與小祝不同唯有筴祝
與小祝遠罪疾相當宜爲一也此六祝有求永貞小
祝不言之者大祝已見故小祝略不言也此六祝一
曰順祝已下差次與小祝次第不同者欲見事起無
常故先後有異　掌六祈曰說　釋曰上經六祝此
云六祈皆是祈禱之事別見其文者案小祝亦掌六
祝云將事侯禳禱祠之祝號鬼神雖和同爲事禱請

此六祈為百神不和同即六癘作見而為祈禱故云以同鬼神祇是以別見其文　注祈嘄至而已　釋曰云謂爲有災變號呼告神以求福者鄭知號呼者見小祝云掌禱祠之祝號故知此六祈亦號呼以告神云天神人鬼地祇不和則六癘作見故以祈禮同之者鄭知鬼神祇不和者見經云掌六祈以同鬼神祇明是不和設六祈以和同之案五行傳云六沴作見云貌之不恭惟金沴木視之不明惟水沴火言之不從惟火沴金聽之不聰惟土沴水思之不睿惟金木水火沴土五行而沴有六者除本五外來沴已則

六彼云沴此云痻者沴有六則痻鬼作見故變沴言痻杜子春云造謂造祭於祖知者禮記云造于祖故後鄭從之先鄭云類造禬禜攻說皆祭名者以其祈禱皆是祭事案後鄭類造禬禜皆有牲攻說用幣而已用幣非祭亦入祭科之中云類祭于上帝知者禮記王制及尚書泰誓皆云類于上帝故知類祭上帝也引詩云已下至師至某國以類造為出軍之祭後鄭皆不從矣祈以不從者但出軍之祭自是求福此經六祈皆為鬼神不和同設祈禮以同之不得將出軍之祭（礼以辭之）自是求故後鄭不從先鄭引大雅皇矣詩即

引爾雅者所以釋此詩故也云又曰乃立冢土戎醜攸行者大雅緜詩云爾雅曰起大事以下亦釋此詩故也又曰乃立引以相副故大事宜于社造于祖設軍社類于上帝並是此大祝下文云司馬法曰將用師三字司農語云禜日月星辰山川之祭也者引春秋爲證春秋傳曰者昭元年左氏傳云鄭子產聘晉晉侯有疾問於子產子產對此辭案彼傳文癘疫之災於是乎禜之此云不時者鄭君讀傳有異云謂類造加誠肅求如志者欲明天神人鬼地祇不得同名類造故云加誠肅求如志云禬禜告之以時有災變

也者春秋所云雪霜風雨水旱房疫之不時於是乎禜之禬雖未聞禬是除去之義故知禬亦災變云攻說則以辭責之者引論語及董仲舒皆是以辭責之云禜如日食以朱絲禜社者案莊公二十五年六月辛未朔日有食之鼓用牲于社公羊傳云日食則曷為鼓用牲于社求乎陰之道也以朱絲禜社或曰脅之或曰為闇恐人犯之故禜之何休云朱絲禜之助陽抑陰也或曰為闇者恐人犯歷之故禜之然此說非也記或傳者示不欲絕異說爾先言鼓後言用牲者明先以為尊命責之後以臣子禮接之所以為順

也鄭引公羊傳者欲見禜是禜之義云攻如其鳴鼓
然者此是論語先進篇孔子責冉有爲季氏聚斂之
臣故云小子鳴鼓而攻之可彼是以辭攻責之此攻
責之亦以辭責故引以爲證引董仲舒者是漢救日
食之辭以證經說是以辭責之云禬未聞焉者經傳
無文不知禬用何礼故云未聞鄭知類造禬禜皆有
牲者案礼記祭法云埋少牢於泰昭祭時也下云幽
禜祭星雩禜祭水旱鄭注云凡此以下皆祭用少牢
禜既用牲故知類造皆亦有牲故云皆有牲也云攻
說用幣而已者知攻說用幣者是日食伐鼓之屬天

災有幣無牲故知用幣而已旣云天災有幣無牲其
類礼以亦是天災得有牲者災始見時無牲及其災
成之後即有牲故詩云靡愛斯牲是也　作六至曰
誄　釋曰此六者唯一曰稱辭自餘二曰已下皆不
稱辭而六事皆以辭目之者二曰已下雖不稱辭命
誥之等亦以言辭爲主故以辭苞之云以通上下親
踈遠近者此六辭之中皆兼苞父祖子孫上則踈而
遠下則而近故云以通上下親踈遠近也　注鄭司至
之辭　釋曰先鄭破祠爲辭謂辭令者一以其曰云
六辭明知爲言辭之字不得爲禱祠言爲辭令者則

云謂增成之云交接之辭是也云命謂論語所謂為命卑諶草創之誥謂康誥盤庚之誥之屬也者盤庚雖不言誥亦是誥臣遷徙之事故同為誥又云盤庚將遷于殷誥其世臣卿大夫道其先祖之善功者卽盤庚云乃祖乃父世選爾勞是也此命誥之議後鄭從之云會謂王官之伯命事於會胥命于蒲主為其命也者後鄭不從之者案公羊傳云胥命者何相命也何言乎相命近正也此其為近正奈何古者不盟結言而退又見昭四年楚椒舉云商湯有景亳之命周穆王有塗山之會以此觀之胥命于蒲與會有異

今先鄭以君命解會於義不可故不從云禱謂禱於
天地社稷宗廟主爲其辭也又引春秋鐵之戰事在
哀二年案哀二年衛靈公卒六月乙酉晉趙鞅納衛
大子于戚秋八月齊人輸范氏粟鄭子姚子般送之
趙鞅禦之衛大子爲右衛爲大子禱而爲此辭言曾
孫者凡祭外神皆稱曾孫言昭告于皇祖文王皇君
也衛得立文王廟故云君祖文王烈祖康叔者衛之
始封君有功烈之祖云鄭勝亂從者勝鄭伯名助范
氏亂故云亂從云晉午在難者午晉定公名范氏等
作亂與君爲難故云在難云備持矛焉者蒯聵與趙

戟為車右車右執持戈矛故云備持矛焉云無作三祖蒯者三祖謂文王康叔襄公戰不克則以為三祖蒯辱先鄭此義後鄭皆不從之者此六辭皆為生人作辭無為死者之事故不從云誄謂積累生時德行以賜之命而引春秋傳曰哀公十六年傳辭此義後鄭從之引論語者為孔子病子路請禱孔子問曰有諸子路對此辭生人有疾亦誄列生時德行而為辭與哀公誄孔子意同故引以相續玄謂一曰辭者司農云謂辭令無所指斥故後鄭相事而言引春秋傳曰有事莊四年公羊傳云古者諸侯必有會聚之

事相朝聘之道號辭以稱先君以相接是此之辭也彼無相見二字鄭以義增之云會謂會同盟誓之辭會中兼有誓盟者以其盟時皆云公會某侯某侯盟于某以此出會中含有盟其誓必因征伐案春秋征伐皆云公會某侯某侵某既有士卒當有誓辭故出會中兼有誓也云禱賀慶言福祚之辭者破先鄭禱鬼神之事云晉趙文子成室者礼記檀弓文案彼文云晉獻文子成室鄭注云獻猶賀也晉君賀文子成室此言晉趙文子成室引文略趙文子則趙武也晉大夫發焉見文子室成卿大夫皆發幣以往慶賀之

張老有亦晉大夫云美哉輪焉者謂輪囷高大云美
哉奐焉者謂奐爛有文章云歌於斯者斯此也謂作
樂饗宴之處云哭於斯謂死於適寢之處聚国族於
斯謂與族人族食宴宴之處張老言此有譏其奢泰一
室兼此數事防其更為云文子曰武也者武文子名
謂武得歌於斯哭於斯聚国族於斯是全要領以從
先大夫於九京也者有要斬領斬故要領並言案
彼注九京當為九原晉卿大夫之墓地在九原故言
以從先大夫於九原云北面再拜稽首者平敵相於
並列則頓首臣於君作稽首今文子作稽首者時晉

君在焉北面向君拜故作贊者云君子謂之善頌善
禱者君子謂知禮之人彼注云善頌謂張老之言善
禱謂文子之言云是之辭者是經禱之辭也此六者
皆以辭辭之　辨六至幣號　注號謂至香合　釋
曰云號謂尊其名更爲美稱焉者謂若尊天地人之
鬼神示不號爲鬼神示而稱皇天后土及牲幣等皆
别爲美號焉云神號若云皇天上帝者月令季夏云
以養犧牲以供皇天上帝皇天謂北辰耀魄寶上帝
謂大微五帝云鬼號若云皇祖伯某者謂若儀礼少
牢特牲祝辭稱皇祖伯某云祇號若云后土地祇者

左氏傳云君戴皇天而履后土地 祇謂若大司樂云若樂八變地祇皆出云幣號若玉云嘉玉幣云量幣此並曲禮文經無玉號鄭兼言玉者祭祀禮神有玉曲礼亦有玉號案小行人合六幣圭以馬璋以皮玉得與幣同號故鄭兼言玉也先鄭云牲號爲犧牲皆有名號引曲礼曰牛曰一元大武者鄭彼注元頭也武迹也一頭大迹豕曰剛鬣者豕肥則鬃鬣剛強羊曰柔毛者羊肥則毛柔潤雞曰翰音者翰長也音鳴也謂長鳴雞齋號謂黍稷皆有名號引曲禮黍曰香合者言此黍香合以爲祭云梁曰香萁者鄭注云萁

辭也言此梁香可祭云稻曰嘉蔬者言稱下萊地所生嘉善也蔬草也言此稻善蔬草可祭云少牢饋食礼云敢用柔毛剛鬛者大夫少牢祭故號此二牲云士虞礼曰敢用絜牲剛鬛者士祭用特豕故號一牲言香合者據曲礼黍之號也故彼鄭注云黍也大夫士於黍稷之號合言普淖而已此言香合蓋記者誤耳此連引之耳無所取證此士虞記文而云礼者記亦是礼　辨九至共祭　釋曰此九祭先鄭自周祭已上皆是祭鬼神之事振祭已下皆是生人之祭食之礼後鄭不從之者祭天神地祇人鬼大宗伯辨之

大祝不須别列且生人祭食不合與祭鬼神同科故
皆以為生人祭食法　注杜子至執授　釋曰杜子
春云命祭〻有所主命也者凡祭祀天子諸侯木主
大夫士有幣帛主其神曾子問以幣帛皮圭以為主
命當主之處此子春之意亦當以幣帛謂之主命但
此經文皆是祭食法不得為主命故後鄭不從之又
讀振為愼或為振旅之振或讀檽為虞芮之芮此讀
皆無義意故後鄭皆不從之鄭司農云衍祭羨之道
中如今祭殤無所主命者此據生人祭食而云如
今祭殤故後鄭亦不從之〻云周祭四面為坐也謂若

祭百神四面各自為坐炮祭燔柴以其炮是燔燒之義故為燔柴祭天此皆生人祭食法非祭鬼神故後鄭亦不從之云擩祭以肝肺菹擩鹽醢中以祭也者案特牲少牢墮祭之時皆有以菹擩醢中以祭主人獻尸時賓長以肝從尸以肝擩鹽中以祭故先鄭云以肝肺菹擩鹽醢中以祭彼無云用肺擩鹽醢中先鄭連引之耳案彼肝擩鹽中以振祭嚌之加于肵俎此則是振祭司農云以初時擩于鹽即同擩祭解之於義不可云繚祭以手從肺本循之至于末乃絶以祭也者此據鄉飲酒而言云絶祭不循其本直絶肺

以祭也者據鄉射而言云重肺賤肝故初祭絶肺以祭謂之絶祭至祭之末禮殺之後但擩肝鹽中振之擬之若祭狀弗祭謂之振祭云重肺者此繚祭絶祭二者皆據肺而言周貴肺故云重肺云賤肝者司農意上云以肝擩于鹽據特牲少牢尸食後賓長以肝從之意云故初祭絶肺以祭謂之絶祭者此絶祭依特牲少牢無此絶祭之事於義不可云至祭之末礼殺之後但擩肝鹽中振之擬之若祭狀者此還據少牢擩肝祭而云若祭狀弗祭於義不可引特牲饋食礼曰取菹擩于醢祭于豆閒者此據挼祭而言也引

鄉射礼及鄉飲酒禮證有絕祭之事引少牢礼證有振祭之事此先鄭所引四文後鄭皆從故增成其義但先鄭所引特牲少牢皆據一邊而言案特牲少牢皆擩祭振祭兩有云謂九祭皆謂祭食者謂生人將食先以少許祭先造食者故謂之祭食命祭引玉藻彼注云侍食不祭其侍食之人而君賓客之雖得祭待君命之祭然後祭是命祭也云衍字當為延炮字當為包者衍與炮於義無所取故破從延與包延祭者曲礼曰賓若降等執食興辭鄭彼注云辭者辭主人之臨已食若欲食於堂下然云有司曰宰夫贊者

取白黑以授尸者彼注云白謂稻黑謂黍又引曲礼
曰殽之序徧祭之是也者凡祭者皆盛主人之饌故
所設殽羞次第徧祭案公食大夫唯魚腊湆醬不祭
以其薄故也其餘皆祭故謂之周祭云振祭擩祭本
同者皆擩但振者先擩復振擩者不振言不食者擩
則祭之者特牲少牢皆有授祭授祭未食之前以菹
擩于醢祭于豆間是不食者擩則祭之云將食者旣
擩必振乃祭也者特牲少牢皆有主人獻尸賓長以
肝從尸右取肝擩于鹽振祭嚌之加于菹豆是謂振
祭言將食者振訖嚌之是將食也云絶祭繚祭亦本

同者同者絕之但絕者不繚繚者亦絕故云半同云
礼多者繚之者此據鄉飲酒鄉大夫行鄉飲酒賓賢
能之礼故云礼多所繚之法即司農所引右取肺已
下是也云礼略者絕則祭之者此據鄉射州長射則
士禮故云禮略者絕則祭之祭法即上先鄭引所鄉
射禮取肺坐絕祭是也云共猶授也王祭食宰夫授
祭者此則膳夫職云王祭食則授是也王謂之膳夫
而謂之宰夫者據諸侯是宰夫云孝經說曰共綏執
授者孝經緯文漢時禁緯故云說云共綏執授者謂
將綏祭之時共此綏祭以授尸引之者證共爲授之

義　辯九至祭祀　釋曰此九拜之中四種是正拜
五者逐事生名還依四種正拜而為之也一曰稽首
二曰頓首三曰空首此三者相因而為之空首者先
以兩手拱至地乃頭至手是為空首也以其頭不至
地故名空首頓首者為空首之時引頭至地首頓地
即舉故名頓首一曰稽首其稽稽留之字頭至地多
時則為稽首也此三者正拜也稽首拜中最重臣拜
君之拜二曰頓首者平敵自相拜之拜三曰空首拜
者君荅臣下拜知義然者案哀十七年公會齊侯盟
於蒙孟武伯相齊侯稽首公則拜齊人怒武伯曰非

天子寡君無所稽首公如晉孟獻子相公稽首知武子曰天子在而君辱稽首寡君懼矣孟獻子曰以敝邑介在東表密邇仇讎寡君將君是望敢不稽首郊特牲曰大夫之臣不稽首非尊家臣以避君也如是相礼諸侯于天子臣于君稽首礼之正然諸相於大夫之臣及凡自敵者皆當從頓首之拜也如是差之君拜臣下當從空首拜其有敬事亦稽首故大誓云周公曰都懋哉予聞古先哲王之格言以下大子發拜手稽首是其君于臣稽首事洛誥云周公拜手稽首朕復子明辟成王拜手稽首公不敢不敬天之休

者此即兩相尊敬故皆稽首九曰肅拜者拜中最輕
唯軍中有此肅拜婦人亦以肅拜為正其餘五者附此
四種正拜者四曰振動附稽首五曰吉拜附頓首六
曰凶拜亦附稽首七曰奇拜附空首八曰襃拜亦附
稽首以享侑祭祀者享獻也謂朝踐獻尸時拜侑〻
食侑勸尸食時而拜此九拜不專為祭祀而以祭祀
結之者祭祀事重故舉以言之　注稽首至而拜
釋曰稽首拜頭至地頓首拜頭叩地也者二種拜俱
頭至地但稽首至地多時頓首至地則舉故以叩地
言之謂若以首叩物然云空首拜頭至手所謂拜手

也者即尚書拜手稽首云吉拜而後稽顙謂齊衰不杖以下者此謂齊衰已下喪拜而云吉者對凶拜為輕此拜先作稽首後作稽顙〻還是頓首但觸地無容則謂之稽顙云齊衰不杖已下者以其杖齊衰入凶拜中故雜記云父在為妻不杖不稽顙明知父沒為妻杖而稽顙是以知此吉拜謂齊衰不杖已下云言吉者此殷之凶拜者案檀弓云拜而後稽顙頹乎其順也稽顙而後拜頎乎其至也三年之喪吾從其至者鄭注云自期如殷可言自期則是齊衰不杖已下用殷之喪拜故云此殷之凶拜也云周以其拜與

頓首相近故謂之吉拜者言相近者非謂文相近是
拜體相近以其先作頓首後作稽顙〻〻還依頓首
而為之是其拜體相近以其約義故言云以疑之云
凶拜稽顙而後拜謂三年服者此雜記云三年之喪
即以喪拜非三年喪以其吉拜又檀弓云稽顙而後
拜頎乎其至孔子云三年之喪吾從其至者若然上
吉拜齊衰不杖已下則齊衰入此凶拜中鄭不言之
者以雜記云父在為妻不杖不稽顙父卒乃稽顙則
是適子為妻有不得稽顙時故略而不言但適子妻
父為主故適子父在不稽顙則衆子為妻父在亦稽

顙不據衆子常稽顙者據雜記成文杜子春云振讀爲振鐸之振者讀從小宰職振木鐸于朝之振云動讀爲哀慟之慟者謂從孔子哭顏回哀慟之慟云奇讀爲奇耦之奇者謂從郊特牲鼎俎奇籩豆耦之奇已上讀字後鄭皆從之云先屈一膝今雅拜是也或云奇讀曰倚倚拜謂持節持戟拜身倚之以拜此二者後鄭皆不從之鄭大夫云動讀爲董書亦或爲董振之董者此讀從左氏董之以威是董振之董云以兩手相擊此後鄭皆不從云奇拜謂一拜也一拜者謂君拜臣下案燕禮大射有一拜之時君荅一拜後

鄭從之云襃讀爲報報拜謂再拜是也後鄭亦從鄭
司農云襃拜今之持節拜是也者後鄭不從云肅拜
但俯下手今時撎是也案儀禮鄉飲酒賓客入門有
撎入門之法推手曰揖引手曰撎云介者不拜故曰
爲事故敢肅使者案成十六年晉楚戰於鄢陵楚子
使工尹襄問郤至以弓郤至見客免冑承命又云不
敢拜命注云介者不拜又云君命之辱爲事故敢肅
使者三肅使者而退是軍中有肅拜法案成二年鞌
之戰獲齊侯晉郤至投戟逡巡再拜稽首軍中得拜
者公羊之義將軍不介冑故得有拜法云謂振動戰

栗變動之拜書曰王動色變案中候我應云季秋七月甲子赤雀銜册書入酆至昌户再拜稽首受案令文大誓得火烏之瑞使上附以周公書報誥於王々動色變雖不見拜文與文王受赤雀之命同爲稽首拜也云一拜荅臣下拜再拜々神與尸此二者增鄭大夫之義知再拜々神與尸者案特牲礼祝酌奠於鉶南主人再拜祝在左也再拜於尸謂獻尸々拜受主人拜送是也天子諸侯亦當然或解一拜荅臣下亦據祭祀時以其宴礼君荅拜臣或再拜時故也云享獻也謂朝獻饋獻也者以祭祀二灌之後唯有朝

踐饋獻稱獻故知享獻據朝踐饋獻時也云右讀爲
侑侑勸尸食而拜者案特牲尸食祝侑主人拜少牢
主人不言拜侑故知侑尸時有拜　凡大至號祝
注明水至爲祇　釋曰知明水火司烜所共日月之
氣者案司烜氏職云以夫遂取明火於日以鑒取明
水於月彼雖不云氣此水火皆由日月之氣所壓得
之故以氣言之云以給烝享執之如以六號祝明此
圭絜也者經云執明水火而號祝明知六號皆執之
明絜也號祝執明水火明主人圭絜之德云禋祀祭
天神也者大宗伯昊天稱禋日月稱實柴司中之等

稱禋燎通而言之三者之禮皆有禋義則知禋祀〻
天神通星辰已下云肆享祭宗廟也者案宗伯宗廟
之祭六等皆稱享則此含六種之享杜子春云祊當
為祇宗伯血祭已下是也　注隋釁至為侑　釋曰
鄭云隋釁謂薦血也者賈氏云釁〻宗廟馬氏云血
以塗鍾鼓鄭不從而以為薦血祭祀者下文云既祭
令徹則此上下皆是祭祀之事何得於中輒有釁廟
塗鼓直稱釁何得兼言隋故為祭祀薦血解之鄭云
凡血祭曰釁者此經文承上禋祀肆享祭祀之下即
此血祭之中含上三祀但天地薦血于座前宗〻廟即

血以告殺故言凡血祭曰釁云既隋釁後言逆牲容逆鼎者凡祭祀之法先逆牲後隋釁今隋釁在前逆牲在後者以其鼎在門外薦血後乃有爓孰之事逆鼎而入故云容鼎知鼎在門外者案中霤礼霤在廟門外之東主人迎鼎事云右讀亦為侑者亦上九拜之下享右之字皆為侑　來瞽令皋舞　注皋讀至之入　釋曰皋讀為卒嗥呼之嗥者依俗讀云來嗥者皆謂呼之入者經云瞽人擬升堂歌舞謂學子舞人瞽人言來亦呼之乃入皋舞令呼亦來入故鄭云來嗥皆謂呼之入也　相尸禮　注延其至坐作

釋曰凡言相尸者諸事皆相故以出入坐作解之尸出入者謂祭初延之入二灌訖退出坐于堂上南面朝踐饋獻訖又延之入室言詔其坐作者郊特牲云詔祝於室坐尸于堂饋獻訖又入室坐言作者凡坐皆有作及與主人荅拜皆有坐作之事故云詔其坐作也　既祭令徹　釋曰祭訖尸謖之後大祝命徹祭器即詩云諸宰君婦廢徹不遲是也　大喪至徹奠　釋曰此經皆是大祝之事云始崩以肆鬯洎尸者肆陳也洎浴也王喪始崩陳尸以鬯浴尸取其香美云相飯者浴訖即飯含故言相飯也不言相含者

大宰云大喪贊贈玉含玉此故不言云贊斂者小斂十九稱在户内大斂百二十稱在阼階冬官主斂事大祝贊之徹者小祝注云奠〻爵也謂正祭時此文承大喪之下故奠爲始死之奠小斂大斂奠並大祝徹之　言甸至國事　釋曰旣殯之後大祝爲禱辭與甸人言猶語也故言語甸人讀禱辭代王受眚災云付練祥掌國事者祔謂虞卒哭後祔祭於祖廟練謂十三月小祥練祭祥謂二十五月大祥除衰杖此三者皆以國事大祝掌之故云掌國事也　注鄭司農至讓之　釋曰先鄭云甸人主設復梯大祝主言

閒其具禄物者此文承贊斂之下則是旣殯之事始云設復禄者故後鄭不從玄謂禱六辭之屬禱也者此經讀禱則六辭之中五曰禱故云六辭之禱也云甸人喪事代王受眚災者案甸人職云喪事代王受眚災案彼注云粢盛者祭祀之主也今國遭大喪若云此黍稷不馨使鬼神不逞於王旣殯大祝作禱辭授甸人使以禱藉田之神受眚災弭後殃彼注與此意同言弭後殃者今王已崩雖無救爲後王而謝過故云弭後殃鄭知旣殯後者此文承贊斂之下斂訖則殯故知此讀禱在旣殯之後也云付當爲祔祭於

先王以祔後死者案喪服小記云孫祔于祖以其昭穆同先王即祖也故云祭於先王祔後死者云掌國事辯護之者辯護之中候文案中候握河紀云堯受河圖時伯禹進迎舜契陪位稷辯護注云進迎接神也稷官名謂棄辯護者供時用相禮儀引之以證掌國事則此大祝於祔練祥之時共其祭用之物及相其禮儀也　國有至禱祠　注大故至報塞　釋曰鄭知大故兵寇也者下列云天災故知大故直是兵寇也知天烖疫疠水旱者見宗伯云以荒礼哀凶札鄭注云荒人物有害又云弔礼哀禍災注云禍災

謂水火此皆是天災流行故云天災謂疫病水旱云彌猶徧也徧祀社稷及諸所禱案小祝云彌災兵彌為安此彌為徧不同者義各有所施彼是災兵之事故彌為安此禱祀之事靡神不舉以彌為徧云既則祠之以報辱者以其始為曰禱得求曰祠故以報賽解祠大師至前祝　釋曰此經六事皆大祝所掌言大師者王出六軍親行征伐故曰大師云宜于社者軍將出宜祭於社即將社主行不用命戮於社云造於祖者出必造即七廟俱祭取遷廟之主行用命賞于祖皆載於齊車云設軍社者此則據社軍中故云

設軍社云類上帝者非常而祭曰類軍將出類祭上帝告天將行云國將有事於四望者謂軍行所過山川造祭乃過及軍歸獻于社者謂征伐有功得囚俘而歸獻捷于社案王制云出征執有罪反以釋奠于學注云釋菜奠幣禮先師也引詩執訊獲醜則亦獻于學云則前祝者此經六事皆大祝前辭　注鄭司農至告之　釋曰司農引春秋傳者定　年左氏傳案彼祝佗云君以軍行者師則軍也故尚書云大巡六師詩云六師及之皆以師名軍列之者證社在軍謂之軍社之事玄謂前祝者王出也歸也將有事於

此神據此經四望已上爲出時獻於社爲歸時皆大祝前祝以辭告之案尚書武成丁未祀于周廟庚戌柴望皆是軍歸告宗廟告天及山川即此經出時告之歸亦告之此經上帝四望不見歸時祈告故鄭揔云王出也歸也而將有事於此神以讀之大會至舍奠釋曰大會同者王與諸侯時見曰會殷見曰同或在畿内或在畿外亦告廟而行云遂者以其非時而祭造次之意即上文造于祖一也云反行舍奠者曲礼云出必告反必面據生時人子出入之法今王出行時造于廟將還廟至行反行還祭七廟非時而

祭曰奠故云反行舍奠也　注用事至如之　釋曰
言用事亦用祭事告行也者言亦如上經大師用祭
事告行云玉人職者案玉人職大璋中璋九寸邊璋
七寸射四寸厚寸黄金勺青金外天子以巡守宗祝
以前馬此云有宗祝以黄金勺前馬之礼非是彼正
文義略言之耳者是謂過大山川與者彼不云過山
川此言過大山川此不言用黄金勺彼言以黄金勺
以義約為一故言與以疑之彼注云大山川用大璋
中山川用中璋小山川用邊璋此直見過大山川不
見中小者欲見中小山川共大山川一處直告大山

川不告中小故不見中小山川各自别處則用中璋邊璋此所過山川非直用黃金勺酌獻而已亦有牢故校人職云將有事於四海山川則飾黃駒注云四海猶四方王巡守過大山川則有殺駒以祈沈之禮與是其牲牢也引曾子問曰凡告必用牲幣反亦如之者案彼往破牲為制此用牲幣不破之者彼文不取牲義直取出告反亦告而已故破牲為制於此經皆用牲知者王制云歸假于祖禰用特堯典亦云歸格于藝祖用特校人有飾黃駒之文則知此經出入皆有牲礼故不破牲為制　建邦至牲幣　注后土

社神也　釋曰案大宗伯王太封則先告后土注云后土土神土神則社神也案孝經緯云社者五土之揔神郊特牲云社祭土而主陰氣故名社為土神句龍生為后土之官死則配社故舉配食人神以言社其實告社神也以其建邦國土地之事故先告后土雖告祭非常有牲有幣礼動不虛故也　禁督至命者　釋曰王者有命命諸侯祭祭祀之事不使上僭下逼謂之礼若有違者即謂之逆命大祝掌鬼神之官故禁正逆祀命也　注督正也至罰焉　釋曰經直云禁督逆祀命鄭以諸侯解之者承上建邦國故

知據諸侯云有逆者則刑罰焉者大祝主諸侯逆祀
告上與之刑罰不得自施刑罰　頒祭至都鄙　注
祭號六號　釋曰邦國謂畿外諸侯都鄙畿内三等
采地大祝主祭號故大祝頒之六號之中兼有天地
諸侯不得祭天地而鄭云祭號六號鄭據大祝掌六
號據上成文而言魯與二王之後得祭所感帝兼有
神號　小祝至辠疾　釋曰掌小祭祀者即是將事
侯禳已下禱祠之事是也小祭祀與將事侯禳已下
作目將事侯禳禱祠祝號又與祈福祥順豐年已下
為目祈福祥順豐年逆時雨三者皆是侯寧風旱彌

裁兵遠辠疾三者即是禳求福謂之禱報賽謂之祠皆有祝號故摠謂之禱祠之祝號祈福祥已下不言一曰二曰者大祝已言訖小祝佐大祝行事故略而不言亦欲見事起無常故不言其次第　注侯之至安也　釋曰侯之言候也候嘉慶祈福祥之屬者之屬中兼有順豐年逆時雨嘉善也此三者皆是善慶之事故設祈祈禱候迎之云禳卻凶咎寧風旱之屬者之屬中兼有彌災兵遠辠疾三者是凶咎之事故設禱祠禳卻之云順豐年而順為之祝辭者案管子云倉廩實知礼節衣食足知榮辱意皆欲如此是豐

年順民意也故設祈礼以求豐年而順民故云為之
祝辭也云彌讀曰敉〻安也者案洛誥云亦未克敉
公功注云敉安也故知此彌讀曰敉〻安也大祭至
贊奠　釋曰云逆齍盛者祭宗廟饋獻後尸將入室
食小祝於廟門外迎饎人之齍盛於廟堂東實之薦
於神座前送逆尸者為始祭迎尸而入祭末送尸而
出祭義云樂以迎來哀以送往是也云沃尸盥者尸
尊不就洗案特牲少牢尸入廟門盥於盤其時小祝
沃水云贊隋者案特牲少牢尸始入室拜妥尸〻隋
祭以韭菹擩于醢以祭於豆閒小祝其時贊尸以授

之云贊徹者大祝云既祭命徹諸宰君婦徹時小祝
贊之也　云贊奠者大祝酌酒奠于鉶南則郊特牲注
天子奠斝諸侯奠角小祝其時贊之　注隋尸至非
一　釋曰主人受尸酢時亦有隋祭但此經贊隋文
承逆尸沃尸之下故隋是尸之祭也　云奠奠爵也者
則特牲祝酌奠于鉶南是也　云祭祀奠先徹後者奠
爵在尸食前徹在尸謖後故云奠先徹後云反言之
者經先言徹後言奠反言之者欲見所佐大祝非一
故倒文以見義凡事佐大祝注唯大祝所有事　釋
曰經云凡事諸有事皆佐大祝故鄭云唯大祝所有

事乃佐之據大祝職不言之者或佐餘官或小祝專行之也若然佐大祝不在職末言之於此見文者欲自此已上有佐大祝者自此已下唯大喪贊渳佐大祝設熬以下小祝專行　設熬置銘　釋曰熬謂熬穀殯在堂時設於棺旁所以惑蚍蜉云置銘者銘謂銘旌書死者名既殯置於階西上所以表柩　注銘今至乃塗　釋曰銘今書或作名者非古書出見今周禮或作名以其銘書死者名亦得通一義故司農以名解之司農云銘書死者名於旌今謂之柩者銘所以表柩故漢時謂銘為柩士喪禮曰為銘各以其

物者謂為銘旌用生時旌旗但沽而小案士喪礼注王則大常諸侯則建旂孤卿建旜大夫士建物云亡則以緇長半幅者亡無也為生時無旌旗子男之士不命是也生時無旌旗故用緇長半幅長一尺云赬末長終幅廣三寸者依爾雅一入赤汁謂之縓再入謂之赬赬赤色綪也長終幅長二尺云書名于末者書死者名於赬末之上云曰某氏某之柩者某氏是姓下某是名此謂士禮案喪服小記云周天子諸侯大夫書銘並與士同云竹杠長三尺者依礼緯天子旌旗之杠九仞諸侯七仞大夫五仞士三仞今士三

尺者則天子以下皆以尺易何云置于西階上者始
死即作銘倚于重殯訖置於西階上屋宇下云掌本
以下亦士喪禮文經雖不言重士喪礼有取銘置于
重是以因銘兼解重言粥餘飯者飯米與沐米同案
喪大記君沐粱大夫沐稷天子之士沐粱諸侯士沐
稻天子當沐黍飯米之餘以為粥成以二鬲案鄭注
士喪礼鬲冪篕同差天子八諸侯六大夫四士二云
取銘置于重者謂未殯以前殯訖則置于西階上是
也杜子春云熬謂重也者以士喪礼云取銘置於重
與此經云設熬置銘亦謂設熬訖置銘於熬上事相

當故以熬爲重故鄭以熬與重所設不同故不從也引檀弓者子春既解熬爲重遂引銘與重爲證耳云銘明旌也者謂神明死者之旌故云明死者之銘云愛之斯録之矣敬之斯盡其道焉爾鄭彼注謂重與奠則斯録之據重斯盡其道據奠以是子春引證重則取愛之斯録之不取敬之斯盡其道連引之耳云重主道也者始死作重葬後乃有主是始死雖未有主其重則是木主之道故云重主道也云殷主綴重焉者鄭彼注云殷人作主而聯其重縣諸廟也去顯考乃埋之謂始死作重之時至葬後作木主乃綴連

重之鬲懸於祖廟大祥遷廟乃埋重於廟門外之左故云殷主綴重焉云周主徹重焉者周人不綴重亦死始作重至葬朝廟重先柩從入祖廟朝廟訖明旦將葬重先出倚于道左葬後既虞埋於所倚之處故鄭注云周人作主徹重埋之云奠以素器以主人有哀素之心也者杜子春連引於經無所當玄謂熬者棺既蓋設於其旁者約士喪禮而知云所以惑蚍蜉也者無正文鄭君以意解之以其熬穀似蚍蜉蚍蜉見之不至棺旁故言惑云喪大記曰熬君四種八筐者黍稷稻粱各二筐云大夫三種六筐者黍稷粱各

二籩云士二種四籩者黍稷各二籩云加魚腊亨者君大夫士同云士喪禮曰熬黍稷各二筐有魚腊饌于西坫南者堂西南隅謂之坫饌於此者據未用時加之蓋後設於棺旁云又曰設熬旁一筐乃塗者此皆所設之處言旁一筐則首足各一筐大夫亦旁各二筐首足各一筐君八筐左右各二筐首足亦各二筐鄭君引此者將以破子春爲熏及葬至五祀　釋曰齎送也送道之奠謂將葬於祖廟之庭設大遣奠遣送死者故謂之送道之奠因分此奠以告五祀言往去此宮中也　注杜子春至以告　釋曰子春云

讀齋爲粢〻謂黍稷以爲道中祭也者引漢法爲證
後鄭不從者案既夕礼祖廟之庭礼道中無祭法云
謂齋猶造也造道之奠謂遣奠也者案既夕礼祖廟
之庭厥明設大遣奠包牲取下體是也云分其牲體
以祭五祀告王去此宮中不復反者言分牲體者包
牲而取其下體下體之外分之爲王處祭也云王七
祀者祭法文云司命大厲平生出入不以告者案月
令春祀戶夏祀竈季夏祀中霤秋則祀門冬則祀行
此並是人之所由從之處非直四時合祭所以出
入亦宜告之案祭法王七祀之中有司命大厲此經

若祀與月令同月令不祭司命及大厲之等比不祭則可知既夕士禮亦云分禱五祀者鄭注云博求之依祭法士二祀大師至號祝　釋曰言掌釁者據大師氏之文而言耳則唯為以血釁鼓祈號祝者謂出軍禱祈之禮皆小祝號以讀祝辭盖所以令將軍祈而請之也此皆小事故大師用小祝以讀祝耳　注鄭司農至以從　釋曰引春秋傳曰者定四年祝佗辭引之者證軍師有釁鼓之事所引之辭者謂以登軍師有必取威於天下欲使敵人畏之也所以必有征伐四方之事故須用血以釁於鼓故有釁鼓之事

注故書至裁兵　釋曰先鄭云謂保守郊祭諸祀
及社者先鄭之義經之祀謂祀神故云祭諸祀及社
後鄭不從者以其經祀爲諸祀〻與社文孤不見祭
事故祀於社共爲一事解之玄謂保祀互文者郊言
保守亦祀社言祀亦保守故云郊社皆守而祀之云
彌烖兵者經言有寇戎之事則一是烖兵故引小祝
彌烖兵而解之　凡外至事焉　釋曰外内小祭祀
者案小司徒小祭祀奉牛牲鄭注云小祭祀王玄冕
所祭案司服祭羣小祀用玄冕鄭注云小祭祀謂林澤
四方百物是外小祭祀也其内小祀謂宫中七祀之

等小喪紀者 王后以下之喪小會同謂諸侯遣臣來
王使卿大夫與之行會同之礼小軍旅者王不自行
遣卿大夫征伐掌事者此數事皆小祝專掌其事也

周禮疏卷第二十九

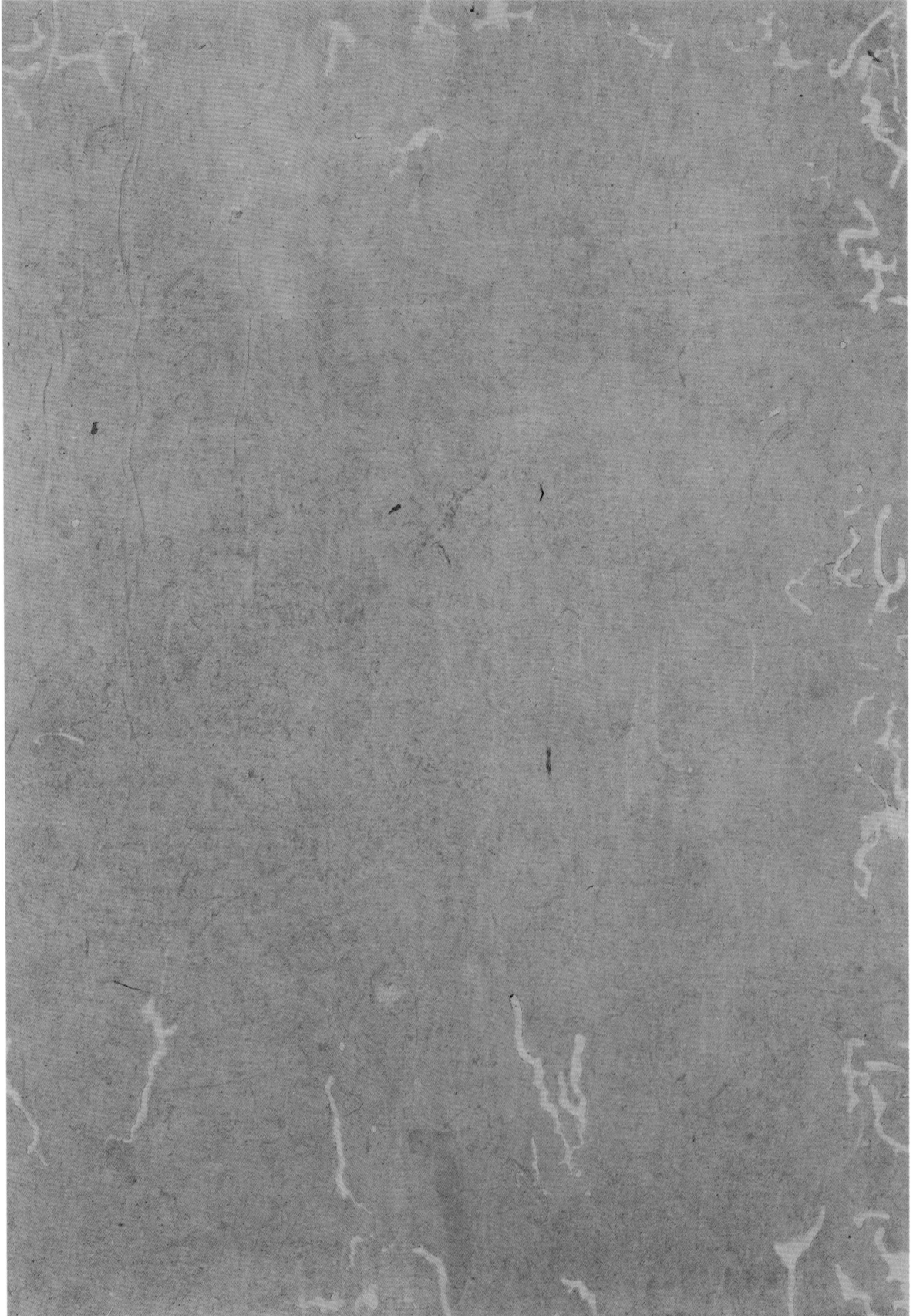

周禮正義　三十之三十一

喪祝
甸祝
詛祝
司巫
男巫
女巫
大史

小史
馮相氏
保章氏
内史
外史
御史
巾車

三十七 三十一

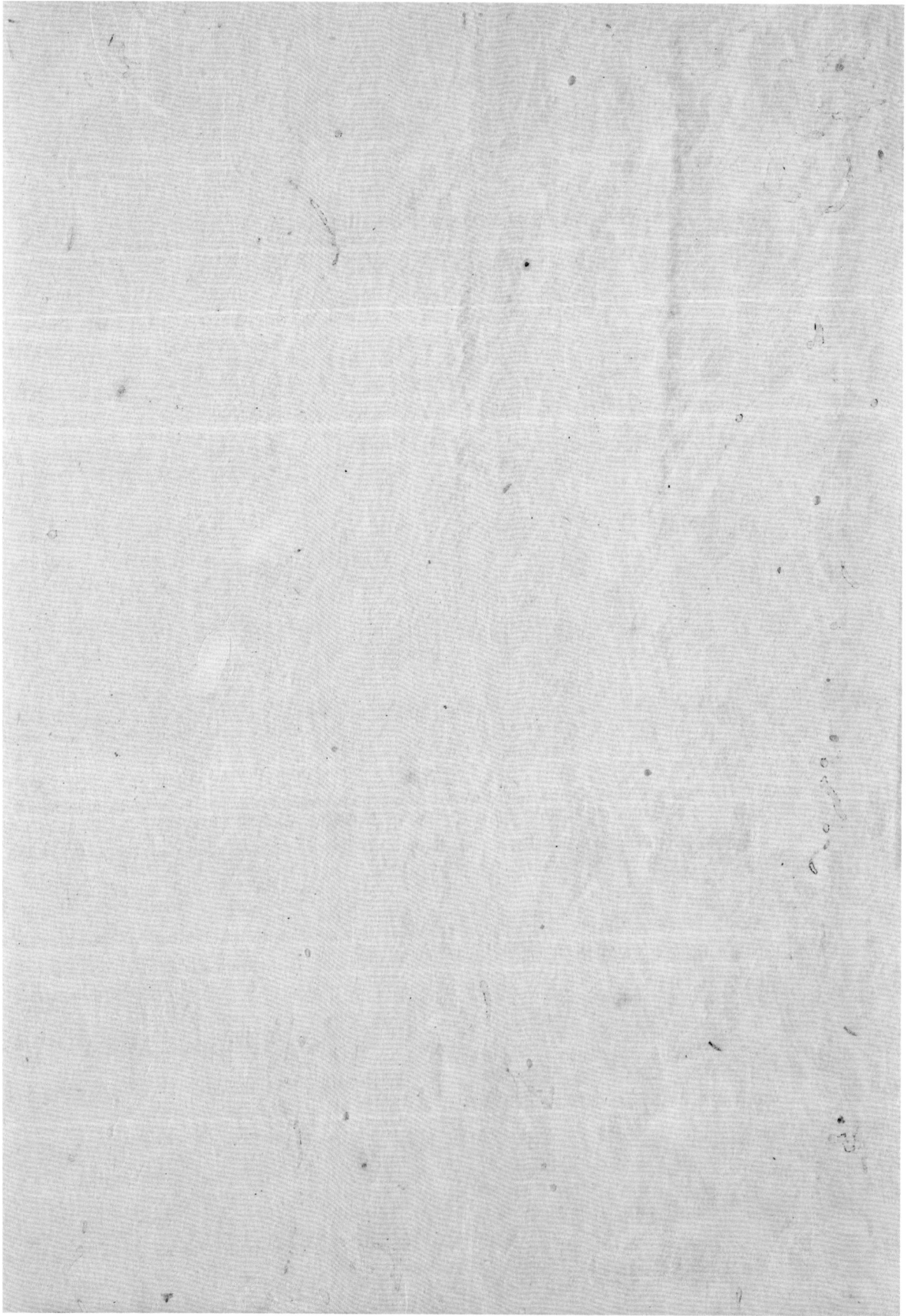

# 周禮疏卷第三十

唐朝散大夫行大學博士弘文館學士臣賈公彥等撰

喪祝至之事　注鄭司至傾虧　釋曰先鄭云勸防引柩後鄭不從者但引者天子千人執六引在柩車前防謂披在柩車傍備傾虧二者别司農共爲一故不從子春云防當爲披義無所取故不從玄謂勸猶倡帥前引者卽下經御柩一也謂執纛居柩路前却行左右車脚有高下則以纛詔告執披者使持制之不至傾虧倡先也故云倡帥前引者云防謂執披備傾虧者案夏官司士作六軍之執披故以執披解防

恐柩車傾側故云備傾虧此經勸防因言所掌事及
其行事下文及朝御柩是也　及辟令啓　注鄭司
農至禮也　釋曰先鄭云辟謂除菆塗椁也者天子
七月而葬七月殯殯時以椁菆塗其棺及至葬時故
命役人開之引檀弓曰天子之殯也菆塗龍輴以椁
者天子諸侯殯用輴車天子畫轅爲龍先置龍輴於
西階之上又置四重棺於輴車之中大斂於阼階奉
尸入棺加蓋乃置熬於棺傍乃於椁攢其四面與棺
平乃加斧於棺　以覆棺上更加之以椁材乃　塗
之如四面霤屋故云菆塗龍輴以椁加斧於椁上畢

塗屋天子之檀也加斧於椁上者案檀弓云布幕衛緆幕魯布幕諸侯法緆幕天子禮料以黼文謂之斧者形如大斧文言上者加斧訖乃攢塗其上故言加斧於椁上及朝御廬乃奠　釋曰言及朝者及猶至也謂侵夜啓殯昧爽朝廟故云及朝云御柩者發殯宮輴車載至廟其時喪祝執纛居前以御正柩也云乃奠者案既夕礼朝廟之時重先奠從燭從柩從彼奠昨夜夕奠至廟下擔於廟兩楹之間擔西設此宿奠至明徹去宿奠乃設此朝廟之奠於柩西故云乃奠　注鄭司農至廟奠　釋曰先鄭解朝廟法後鄭

皆從之不改引檀弓云殷朝殯於祖者殷人殯於廟
始死斂訖即以柩朝廟而殯之故云殷朝而殯於祖
云周朝而遂葬者周人不殯於廟故始死殯於路寢
七月而葬以次朝七廟先禰而後祖廟別一宿後朝
始祖廟遂出葬於墓故云周朝而遂葬云故春秋傳
曰凡夫不殯于廟者此僖八年左氏傳秋七月禘于
太廟用致夫人傳曰秋禘而致哀姜焉非礼也凡夫
人不薨于寢不殯于廟不赴于姑則弗致也注云寢
小寢同〻盟言諸侯夫人有罪不以礼終不當致云
晉文公卒將殯于曲沃此左氏僖公三十二年晉文

公卒庚辰將殯於曲沃就宗廟已下鄭君解義語晉
宗廟在曲沃者晉承桓叔之後桓叔本在曲沃故晉
宗廟在曲沃云故曰曲沃君之宗也者莊二十八年
左氏傳驪姬欲立其子賂外嬖梁五與東關嬖五使
言於公曰曲沃君之宗也不可以無主夏大子居曲
沃是也又曰丙午入于曲沃丁未朝于武宮此僖二
十四年二月壬寅公子重耳入於晉丙午入曲沃丁
未朝於武宮案趙商問周朝而遂葬則是殯于宮葬
乃朝廟案春秋晉文公卒殯于曲沃是為去絳就祖
殯與礼記義異未通其記答曰葬乃朝廟當周之正

禮也其末世諸侯國何能同也傳合不合當解傳耳
不得難經何者既夕將葬遷于祖用軸既夕是周公
正經朝廟乃葬故云不得難經孔子發凡言不薨于
寢不殯于廟不祔于姑則不致明正禮約殯于廟發
凡則是關異代何者孔子作春秋以通三王之礼先
鄭引之者欲見春秋之世諸侯殯于廟亦當朝廟乃
殯云謂乃奠朝廟奠者以經文奠在朝下明不據初
來宿奠是據厥明所設朝廟之奠　及祖至遂御
釋曰言及祖者及至也初朝禰次第朝親廟四次朝
二祧次朝始祖后稷之廟至此廟中設祖祭案既夕

禮請祖期曰日側是至祖廟之中而行祖始也為行
始言飾棺乃載者既載乃飾案既夕禮遂匠納車於
階間却柩而下棺乃飾棺設帷荒之屬飾訖乃還車
向外移柩車去載處至庭中車西設祖奠天子之禮
亦是先載乃飾棺此先云飾棺後言乃載者直取便
文非行事之次第云遂御者加飾訖移柩車喪祝執
纛却行御正柩故云遂御之　注鄭司至節度　釋
曰先鄭解祖及飾棺其義是故後鄭從之增成其義
云將葬祖於庭者檀弓文云象生時出則祖也者詩
云仲山甫出祖是也云故曰事死如事生礼也者案

祭義云文王之祭也事死如事生義出於彼以其生時出有祖故死亦有祖檀弓曰飯於牖下至即遠也案檀弓曾子弔於負夏氏主人既祖奠徹推柩而反之曾子從者恠主人推柩而反問於曾子曾子對曰胡為其不可從者問子游子游對此辭云飯於牖下者謂始死於北墉下遷尸於南牖下沐浴訖即飯含故云飯於牖下小斂於户内小斂十九稱在户内大斂於阼者士三十稱大夫五十稱諸侯百稱天子百二十稱皆於阼階故言大斂於阼殯於客位者夏后氏殯於阼階殷人殯兩楹間周人殯於西階故云殯

於客位祖於庭者行祖祭在祖廟之庭葬於墓者行祖祭訖至明旦行大遣奠既奠引柩向壙故云葬於墓所以即遠也者此子游之意從飯於牖下至葬於墓即就也節級皆是就遠不合反來引之者證此經祖是爲行始向遠之義云祖時喪祝主飾棺乃載者重解祖及飾載之事云遂御之喪祝爲柩車御也者後鄭增成之云或謂及祖至祖廟也者以其飾載在祖廟中故以祖爲祖廟解之後鄭雖不從亦通一義云謂祖爲行始此後鄭增成先鄭前解祖也云飾棺設柳池紐之屬者喪大記文柳者諸色所聚帷荒之

翣是池紐者君三池纁紐六之翣是也司士云作六軍之士執披彼引喪大記具於此略言也云其序者鄭見經先言飾棺後言乃載車向外於文到故依既夕禮先載而後飾當還車向外以其載時車北向飾訖當還車向外喪祝御之御之者執纛居前郤行為節度者恐柩車傾虧以纛告之故云為節度也　及葬至乃代　注喪祝至更也　釋曰及至也謂於祖廟厥明大奠後引柩車出喪祝於柩車前郤行御柩車出宫乃代者案序官云喪祝上士二人故鄭云二人相與更也　及壙說載除飾　釋曰及至也至壙

脫載謂下棺於地除飾謂除去帷荒下棺於坎訖其帷荒還入壙張之於棺 注鄭司農至置翣 釋曰云四翣之屬者案襄公二十五年齊崔杼弑莊公不以君禮葬之案喪大記及禮器士二翣大夫四翣諸侯六翣天子八翣今用四翣是不以君礼也云令可舉移安錯之者除去棺飾者令可舉移安錯於壙中安錯之言出孝經玄謂周人之葬牆置翣者檀弓云殷人棺槨周人牆置翣牆謂帷荒與柩爲郭若牆然故謂之牆言置翣者翣在道柩車傍人執之入壙置之於槨傍故云置也引之者證飾既除還入壙設之

義之　小喪亦如之　釋曰小喪王后世子已下之喪自掌勸防已下至除飾皆據王喪其小喪亦有勸防已下之事故云亦如之　掌喪祭祝號　注喪祭至喪祭　釋曰引檀弓云葬日虞不忍一日離也者葬日設大遣奠而出葬訖反日中而虞送形而往迎魂而反虞者安也葬日虞祭所以安神不使父母一日離散故設虞祭也云是日也以虞易奠者葬日反日中而虞奠者自未葬已前始死之後皆是今既葬是以虞易奠也云卒哭曰成事是日也以吉祭易喪祭者喪中自相對虞爲喪祭卒哭爲吉祭士虞礼始

虞曰哀薦祫事再虞曰哀薦虞事三虞曰哀薦成事
卒哭祝辭亦稱成事也祭以吉為成故云是日也以
吉祭易喪祭引之者證經喪祭是虞也　王吊則與
巫前　釋曰王吊者諸侯諸臣死王就室吊之喪祝
與男巫在王前也　注鄭司至悔之　釋曰先鄭云
喪祝與巫以桃茢執戈在王前者桃茢者鬼所惡茢萁
帚所以埽不祥桃茢二者祝與巫執之執戈者是小
臣也案喪大記小臣二人執戈立於前二人立於後
彼是諸侯法王吊亦然故兼言執戈檀弓曰君臨臣
喪以巫祝桃茢執戈惡之是天子之礼故列之言惡

之世所以異於生世者死者之傍有凶邪之氣故須桃茢以惡之是異於生春秋傳曰者是襄二十九年左傳文案傳襄公朝於荊康王卒楚人使公襲之者臣子之事欲使公行臣禮公使巫以桃茢祓殯楚人弗禁者不知礼故不禁既而悔之者後覺始悔是君臨臣喪之礼故悔之引之者證經喪祝與巫前有桃茢之事案檀弓云使公襲左傳云襚不同者襚即襲也襲時未殯而云祓殯者名尸為殯可掌勝至禰焉

釋曰以祭祀禱祠者祭祀謂春秋正祭禱祠謂有故祈請求福曰禱得福報賽曰祠　注勝國至北牖

釋曰云勝国邑所誅討者古者不滅國有違逆誅討者
古者不滅國有違逆被誅討者更立其賢子弟還得
事其社稷今云勝國之社稷者爲據武王伐紂取其
社稷而事之故云若亳社是矣也據其地則曰亳據
彼國喪亡即爲亡國之社稷此注勝之即爲勝国之
社稷是以郊特牲云喪國之社春秋謂之亳社也云
存之者重神也者君雖無道被誅社稷無罪故存之
是重神也云蓋奄其上而棧其下爲北牖者案哀公
四年夏六月辛丑亳社災公羊傳曰亡国之社蓋揜
其上而柴其下爲北牖者郊特牲文郊特牲喪國之

社必屋之北牖不受天陽使陰明公羊云揜其上即
屋之一也棧其下者非直不受天陽亦不通地陰
凡御至椎度　釋曰言掌事者雖礼有降殺勸防从
下皆掌之兼主斂事故惣云掌事而斂飾椎度　旬
祝至祝號　釋曰言掌四時之田表貉之祝號者四
時田即大司馬所云春蒐夏苗秋獮冬狩案大司馬
大閱礼云既陳乃設驅逆之車有司表貉於陳前當
此貉祭之時田祝為號　注杜子春至云讀貉為百爾
祈思之百讀從毛詩後鄭從之增成其義云書亦或
為禡者毛詩爾雅為此字云貉兵祭也者爾雅云禡

師祭是也引詩云是類是禡者大雅皇矣之詩也玄
謂田者習兵之禮故亦禡祭者詩與爾雅禡出征之
祭田是習兵故亦禡祭云禱氣勢之十百而多獲者
憑十得百望多獲禽牲此解禡字之意 舍奠至如
之 釋曰天子將出告廟而行言釋奠於祖廟者非
時而祭即曰奠以其不立尸奠之言停〻饌具而已
七廟俱告故祖禰并言 注舍讀至父廟 釋曰舍
讀為釋者周禮〻記多為舍字鄭讀皆為釋云釋奠
者告將時田若將征伐者此經上下唯言時田不言
征伐案大祝大師造于祖大會同造于廟宜造祖禰

故兼言征伐　師甸至祝號　注師甸至肥健　釋曰云致禽於虞中使獲者各以其禽來致於所表之處者若田獵在山山虞植旗田獵在澤澤虞植旌名旌旗為表故解致禽于虞中者使獲者各以其禽來致於所表之處也云屬禽別其種類者禽獸既致於旌旗之所甸祝分別其種類麋鹿之類各為一所云饁饋也以所獲獸饋於郊薦於四方羣兆者案小宗伯兆五帝於四郊四類四望亦如之兆山川丘陵各於其方是其四郊皆羣神之兆今田獵在四郊之外還國以過羣兆故將此禽獸薦於羣兆直以禽祭之

無祭事云入又以奠於祖禰薦且告反也者上經言奠於祖廟謂出時今此舍奠在饁獸之下是告反也言薦者又以所獲禽牲薦廟也云致禽謂取三十者案穀梁每禽擇取三十知入腊人者案腊人云掌凡田獸之脯腊案王制一為乾豆二為賓客三為充君之庖此入腊人者據上殺者乾之以為豆實供祭祀其餘入賓客庖廚直入腊人者據祭祀重者而言脯非豆實而言乾豆者以脯為醢故醢人注云作醢及臡者先膊乾其肉乃後莝之雜以粱麴及鹽漬以美酒塗置甀中百日則成矣是也杜子春云禂禱也為

馬禱無疾已下後鄭皆不從者以凡言禁者卜日同牲據祭祀之牲不得據田獵之獸又禂不得為禱祈字玄謂禂讀如伏誅之誅者此俗讀也時有人甘心惡伏誅故云伏誅之誅之誅此從音為誅云今侏大字也者今漢時人傍侏是侏大之字此取肥大之意故云為牲祭求肥充解經禂牲云為馬祭求肥健釋經禂馬鄭既解禂為大知此皆有祭者以其言皆掌其祝號是有祭事　詛祝至祝號　注八者至曰詛釋曰此八者之内類造已下是大祝六祈大祝不掌祝號故此詛祝與盟同為祝號秋官自有司盟之官

此詛祝兼言之者司盟直掌盟載之法不掌祝號與
載辭故使詛祝掌之云大事曰盟小事曰詛者盟者
盟將來春秋諸侯會有盟無詛〻者詛往過不因會
而為之故云大事曰盟小事曰詛也　作盟至劑信
釋曰云作盟詛之載辭者為要誓之辭載之於策
人多無信故為辭對神要之使用信故云以叙國之
信用云以質邦國之劑信者質正也成也亦為此盟
詛之載辭以成正諸侯邦國之劑謂要券故對神成
正之使不犯　注載辭至載書　釋曰言為辭而載
之于策者若然則策載此辭謂之載云共用牲加書

于其上也者，案襄二十六年左氏傳云宋寺人伊戾坎用牲加書爲世子痤僞與楚客盟，司盟注具引此文，於此注略也。引春秋者，據載出而言。知者，案司盟掌盟載之法，彼注云：載，盟辭也。盟者，書其辭於策，卽是此載辭也。又注云：殺牲取血，坎其牲，加書於上而埋之，謂之載書。卽引春秋宋寺人之事，明此坎用牲加書於其上，據載書而言。以此言之，則書辭於策謂之載辭，加書於牲上謂之載書。司盟掌載書，盟祝掌載辭，此注兼言坎用牲加書之事，相因，故兼解之。云國謂王之國，邦國諸侯國也者，周禮體例單言國者

皆據王國邦國連言者皆據諸侯故爲此解云文王
脩德而虞芮質厥成者大雅文王詩也彼訓質爲成
成爲平謂成其平和之事引之者證質爲成義先鄭
引春秋傳曰者案哀二十六年左氏傳云宋大尹使
祝爲載書司農之意以載辭與載書爲一得通一義
故引之在下　司巫至舞雩　釋曰掌群巫之政令
者下文男巫女巫皆掌之云若國大旱則帥巫而舞
雩者謂帥女巫已下是以女巫職云旱暵則舞雩亦
據脩雩而言也　注雩旱至得雨　釋曰言雩旱祭
也者經云國大旱而舞雩明雩是旱祭是以春秋緯

考異鄭云雩者吁嗟求雨之祭云　天子於上帝諸侯
於上公之神知者案禮記月令大雩帝習盛樂據天
子雩五帝案彼下文命百縣雩祀百辟卿士百縣謂
畿内鄉遂明畿外諸侯亦雩祀百辟卿士即古上
公句龍柱棄之等是天子祀上帝諸侯祀上公若魯
與二王之後得祀天者亦得雩祭天鄭司農云魯僖
公欲焚巫尪以其舞雩不得雨者案僖二十一年夏
大旱公欲焚巫尪〻不必舞雩故檀弓云魯穆公云
吾欲暴尪而奚若又云吾欲暴巫而奚若縣子曰天
則不雨而暴人之疾子虐無乃不可與鄭注云尪者

而鄉天覬天哀而雨之明非舞雩之人司農兼引左
者挾句連引之其實非舞者若四月正雩非直有男
巫女巫案論語曾晳云春服既成童子六七人冠者
五六人兼有此等故舞師云教皇舞帥而舞旱暵之
祀舞師謂野人能舞者明知兼有童子冠者可知
國有至巫恒　注杜子春至施爲　釋曰子春之意
帥巫者巫則女巫恒訓爲常故云會聚常處後鄭不
從玄謂恒久也巫久者先巫之故事後鄭之意以恒
為先世之巫久故所行之事今司巫見國大烖則帥
領女巫等往造所行之事亲視舊所施為而法之

祭祀至菹館　注杜子春至東縮　釋曰子春所解及讀字唯解匰器名一事後鄭從之自餘並義無所取後鄭不從玄謂道布者爲神所設巾即引中霤礼以功布爲道布屬於几是也云菹之言藉也祭食有當藉者謂常藉所當之食云館所以承菹謂若今筐也者筐所以盛菹者也云主先匰菹後館亙言之者謂主先匰器在上者欲見以匰器盛主來向祭所大祝取得主匰器即退菹後言館器欲見大祝取得菹館器退門亦初以館盛菹來亙言之是以鄭云明共主以匰共菹以筐大祝取其主菹陳之器則退也　二

事雙解之引士虞禮曰苴刌茅長五寸實於篚饌于西坫上者刌切也切之長五寸又東之西坫者堂西南隅謂之坫饌陳於此未用前又曰祝盥升取苴降洗之升入設於几東席上東縮者士虞礼設席於奥禮神東面右几故設于几東席上東縮縮縱也據神東面為正東西設之故言東縮引之者見苴是藉祭之物

凡祭事守瘞　注瘞謂至去之　釋曰案爾雅祭天曰燔柴祭地曰瘞埋又案肆師云大祀用玉帛牲牷故鄭云瘞謂若祭地祇有埋牲玉者也鄭不言帛亦有帛可知云守之者以祭禮未畢若有事然者

但祭地埋牲與禋祀同節作樂下神之後即有埋牲之事以後更有祭祀之節事故使司巫守埋是以鄭云有祭事然云祭祀畢即去之者以其無事故去之不復守也　凡喪至之礼　注降下至遺礼　釋曰人死骨肉下沈於地精魂上歸於天〻地與神人通故使巫下神云今世或死既斂就巫下禓其遺礼者案郊特牲鄉人禓鄭注云禓彊鬼彼逐疫癘之事故以禓爲彊鬼此禓當家之鬼非彊鬼也　男巫至以茅　釋曰云望祀者類造禬禜遙望而祝之云望衍者衍延也是攻說之礼遥望延其神以言語責之云

授號者此二者皆詛祝授以神號云旁招以茅者旁謂四方此男巫於地官祭此神時則以茅招之於四方也　注杜子春至之招　釋曰子春所云皆無依據故後鄭不從玄謂破衍爲延者衍字於六祈義無所取故破從延云望祀謂有牲粢盛者注大祝已云類造襘禜皆有牲攻説用幣而已有牲則有黍稷故此兼云粢盛者也云延進也謂但用幣致其神者此即攻説用幣而已是也云二者詛祝所授類造攻説襘禜之神號男巫爲之招者以其授號文承二者之下故知此六神皆授之號之授號知是詛祝者案詛

祝而知也　冬堂至舞（無）筭　注故書至常數　釋曰子春以堂贈爲逐疫後鄭不從者逐疫方相氏及占夢不合在此故不從云無筭適里無數遠益善也後鄭不從者既言無數遠近由人不得云遠益善故不從玄謂知堂贈是送不祥及惡夢者見占夢云舍萌于四方以贈惡夢故知鄭云當東則東當西則西不言南北舉東西可知此解無方可近則近可遠則遠無常數此解無筭　春招至疾病　注招招至之禮釋曰子春讀弭如彌兵之彌讀從小祝彌災兵之彌玄謂弭讀爲敉字之誤也案小祝後鄭注彌讀曰

救於此云為救從手春之説云救安也安凶禍也者以經云除疾病故知所安者凶禍知招救皆有祀衍之禮者此招救爲招福安禍與侯禳意同侯禳在六祝有祭之法故知此二者亦有望祝望衍之礼可知

王弔則與祝前　注巫祝至是也　釋曰案上喪祝云王弔則與巫前此男巫與祝前故二官俱在王前

女巫至釁浴　注歲時至沐浴　釋曰歲時祓除者非謂歲之四時唯謂歲之三月之時故鄭君云如今三月上巳解之一月有三巳據上旬之巳而爲祓除之事見今三月三日水上戒浴是也云釁浴謂以香

薰草藥沐浴者直言浴則唯有湯今兼言釁明沐浴之物必和香草故云以香薰草藥經直云浴兼言沐者凡絜靜者沐浴相將故知亦有沐也　旱暵則舞雩　釋曰此謂五月已後脩雩故有旱暵之事旱而言暵者暵謂熱氣也　注使女至疏乎　釋曰司農引繆公者魯繆公春秋後事縣子者魯大夫欲暴巫者以其舞雩不得雨引之者證使女巫舞雩之事

若王至祝前　釋曰此女巫云與祝前則與天官女祝前后　注女巫至王禮　釋曰云女巫與祝前后如王禮者案前男巫與喪祝前王執桃茢此女巫與

女祝前后亦巫執桃祝執茢故云如王礼　凡邦至
而請　釋曰大烖言歌哭而請則大烖謂旱暵者
注有歌至靈也　釋曰案林碩難曰凡國有大烖歌
哭而請魯人有日食而哭傳曰非所哭〻者哀也歌
者是樂也有哭而歌是以樂烖〻而樂之將何以請
哀未失所礼又喪矣孔子曰哭則不歌〻哭而請道
將何為玄謂日食異者也於民無困哭之為非其所
烖害不害穀物故歌必禮也董仲舒曰雩求雨之術
呼嗟之歌國風周南小雅鹿鳴燕礼鄉飲酒大射之
歌焉然則雲漢之篇亦大旱之歌考異郵曰集二十

四旱志立服而緩雲刑理察捉罪赦過呼嗟哭泣以
成發氣此數者非大哉歌哭之證也多哉哀也歌者
樂也今喪家輓歌亦謂樂非孔子哭則不歌是出何
經論語曰子於是日哭則不歌謂一日之中既以哀
事哭又以樂而歌是爲哀樂之心無常非所以識此
禮若然此云歌者憂愁之歌若雲漢之詩是也　大
史至之治　注典則至之職　釋曰云典則亦法也
者案大宰注典法則所用異〻其名也其實典則與
法一也故云典則亦法也云六典八法八則冢宰所
建以治百官者冢宰職八法云治官府是也云大史

又建焉以爲王迎受其治也者鄭言此者欲見大史
重掌此三者非是相副貳大宰既掌此大史迎其治
職文書云大史日官也者以其掌曆數故云日官引
春秋傳者桓十七年冬十月朔日有食之不書日官
失之天子有日官諸侯有日御服氏注云日官日御
典曆數者也日官居卿以底日禮也日御不失日以
授百官于朝服注云是居卿者使卿居其官以主之
重曆數也案鄭注居猶處也言建六典以處六卿之
職與服不同服君之意大史雖下大夫使卿來居之
治大史之職與堯典云乃命羲和欽若昊天曆象日

月星辰是卿掌曆數明周掌曆數亦是日官鄭意以五帝殊時三王異世文質不等故設官不同五帝之時使卿掌曆數至周使下大夫為之故云建六典處六卿之職以解之 凡辨至刑之 釋曰案上文大史既受邦國官府都鄙治職文書其三者之內有爭訟來正之者大史觀其辨法得理考之不信者刑之者事理妄冒不信者刑罰之 注謂邦至之者 釋曰鄭知此事是邦國官府都鄙者以其文承上文三者之下故知之 凡邦至所登 釋曰上文邦國官府都鄙三者俱充此約不言府官者此舉邦國都鄙

及万民在外者而言其實官府約劑亦藏之云以貳六官者六官各有一通此大史一通此大史亦副寫一通故云以貳六官云六官之所登者約劑相續不絶在後六官更有約劑皆副寫一通上於大史以藏之　注約劑至登焉　釋曰鄭知約劑要盟之載辭及券書者案司盟凡邦國有疑會同則掌其盟約之載故知約劑中有盟要之載辭言及券書者此經萬民約劑無盟要載辭唯有券書故别言券書鄭知所藏之中有法者案司盟云掌盟載之法下又云及其禮儀北面詔明神此既掌辭明并法亦藏之　若約

至刑之　釋曰盟誓要辭藏在府庫在後抵冒其事不依要辭謂之約劑亂也則辟法者辟開也法則約劑也則爲之開府庫考案其然否不信者不依約劑與之刑罪故云不信者刑之　正歲至都鄙　釋曰云正歲年者謂造歷正歲年以閏則四時有次序依歷授民以事故云以序事也云頒之于官府及都鄙者官府據在朝都鄙據三等采地先近及遠故先言官府次言都鄙下乃言邦國　注中數至乎在　釋曰云中數曰歲朔數曰年者一年之内有二十四氣正月立春節啓蟄中二月雨水節春分中三月清明

節穀雨中四月立夏節小滿中五月芒種節夏至中六月小暑節大暑中七月立秋節處暑中八月白露節秋分中九月寒露節霜降中十月立冬節小雪中十一月大雪節冬至中十二月小寒節大寒中皆節氣在前中氣在後節氣一名朔氣朔氣在晦則後月閏中氣在朔則前月閏節氣有入前月法中氣無入前月法中氣匝則爲歲朔氣匝則爲年假令十二月中氣在晦則閏十二月十六日得後正月立春節此即朔數曰年至後年正月一日得啓蟄中此中氣匝此即是中數曰歲云中朔大小不齊正之以閏者周

天三百六十五度四分度之一日一日行一度月一
日行十三度十九分度之七二十四氣通閏分之一
氣得十五日二十四氣分得三百六十度仍有五度
四分度之一一度更分爲三十二五度爲百六十四
分度之一者又分分爲八分通前爲百六十八分二十
四氣分之氣得七分若然二十四氣氣有十五日七
分五氣得三十五分秋三十二分爲一日餘三分推
入後氣即有十六日氣者十五日七分者故云中朔
大小不齊正之以閏者月有大小一年三百五十四
日而已自餘仍有十一日是以三十三月已後中氣

有晦不置閏則中氣入後月故須置閏以補之故云
正之以閏是以云若今時作曆日矣云定四時以次
序者堯典以閏月定四時解經中序故云定四時以
次序云授民時之事者亦取堯典敬授民時解經中
事春秋傳曰者文公六年冬閏月不告朔非禮也閏
以正時〻以作事〻以厚生〻民之道於是乎在矣
不告閏朔棄時正也何以為民彼譏文公不告閏朔
引之者證閏歲年之事也　頒告朔于邦國　注天
子至之也　釋曰鄭云天子班朔於諸侯〻〻藏之
於祖廟者案禮記玉藻諸侯皮弁聽朔於大祖〻〻

即祖廟也至朔朝於廟告而受行之者諸侯於天子
故縣之於中門匝日斂之藏之於祖廟月月用羊告
而受行之此經及論語稱告朔玉藻謂之聽朔春秋
謂之視朔視者人君入廟視之告者使有司讀祝以
言之聽者聽治一月政令所從言之異耳鄭司農云
以十二月朔布告天下諸侯者言朔者以十二月曆
及政令若月令之書但以受行號之為朔故春秋傳
曰者還是桓十七年傳文春秋之義天子班曆於諸
侯日食書日不班曆於諸侯則不書日其不書日者
猶天子日官失之不班曆引之證經天子有班告朔

之事　閏月至終月　釋曰明堂路寢及宗廟皆有五室十二堂四門十二月　於十二堂閏月各於時之門故大史詔告王居路寢門若在明堂告事之時立行祭禮無居坐之處若在路寢堂與門聽事之時各居一月故立居門終月　注門謂至之閏　釋曰鄭知此經門是路寢門若案玉藻云閏月則闔門左扉立於其中不云居又不云終月此經言居門終月故知路寢門先鄭云月令十二月據月令而言案月令是秦時書明堂路寢有九室大室在中央四角各有二堂隔之爲个堂大室正東之堂謂之青陽正

南之堂謂之明堂正西之堂謂之總章正北之堂謂之玄堂云左右之位者青陽明堂總章玄堂各有左右之位月令謂之左右个故月令孟春云青陽左个仲春居青陽季春云居青陽右个孟夏云明堂左个仲夏居明堂季夏云居明堂右个孟秋云居總章左个仲秋居總章季秋云居總章右个孟冬居玄堂左个仲冬居玄堂季冬居玄堂右个月令皆云居故鄭以大寢解之是以先鄭引之證此大寢之禮云唯閏月無所居〻於門者以其十二月居十二堂故云閏月無所居〻於門云故於文王在門謂之閏者解閏

字之意以閏月王在門中故制文字亦王在門中謂之閏也　大祭至卜日　注執事至視墨　釋曰知執事大卜之屬者大卜掌卜事故知執事是大卜言之屬者兼有卜師及卜人知當視墨者案占人云君占體大夫占色史占墨卜人占拆彼言史者即此大史故知當視墨　戒及至協事　釋曰戒及宿之日者戒謂散齊七日宿謂致齊三日云與羣執事讀禮書而協事者當此二日之時與羣執事預祭之官讀禮書而協事恐事有失錯物有不供故也　祭之至位常　釋曰言執書者謂執行祭祀之書若今儀

注以次位常者各居所掌位次常者此禮一定常行不改故云常也　辨事者誅之　注謂抵冒其職事　釋曰此謂助祭之人大史掌礼知行事得失所行依注謂之事則與人考焉抵冒職事詐欺不信者刑誅之　大會至禮事　釋曰天子與諸侯不録　及將至詔王　釋曰將幣之日者則上經所習會同之事至此得朝覲之時則有三享之禮將送也幣謂辟帛之等故云將幣之日云執書以詔王者王與諸侯行礼之時大史執禮書以告王使不錯誤大師至同車　釋曰云大師者大起軍師也云抱天時者大史

謂

知天道天時讀天予文見時候者史抱此天時與大師
瞽人知天道者同在一車之上共察天文故同車也
注鄭司農至之長　釋曰先鄭云大出師則大史
主抱式以知天時處吉凶者云抱式者據當時占文
謂之式以其見時候有法式故謂載天文者爲式知
天時處吉凶者候天時知吉凶以告王故云處吉凶
國語者案周語單子謂魯成公吾非瞽史焉知天道
春秋傳者在哀六年云謂瞽即大師者此足先鄭之
義周語云瞽者即此經大師一也云大師瞽官之長
者案春官瞽人之内之其賢者爲大師之官故云瞽

官之長　遣之日讀誄　注遣謂至天道　釋曰遣謂大遣奠故以遣謂祖廟之奠云人之道終於此者以其未葬已前孝子不忍異於生仍以生禮事之至葬送形而往迎魂而反則以鬼事之故既葬之後當稱謚故誄生時之行而讀之此經誄即累也云大師又帥瞽廞之而作謚者案大師職凡大喪帥瞽而廞作柩謚云言王之誄謚成於天道者案禮記曾子問唯天子稱天以誄之注云以其無尊焉彼又引公羊傳制謚於南郊瞽史既知天道又於南郊祭天之所稱天以誄之是王之謚成於天道也若然先於南郊

制謚乃於遣之日讀之葬後則稱謚　小喪賜謚
注小喪卿大夫也　釋曰大史雖賜之謚不讀使小
史讀之故小史職云卿大夫之喪賜謚讀誄彼注云
其讀誄亦以大史賜謚爲節事相成其卿大夫將作
謚之時其子請於君〻親爲之制謚〻成使大史將
往賜之小史至遣之日往爲讀之知義然者見礼記
檀弓云公叔文子卒其子戍請謚於君曰日月有時
將葬矣請所以易其名者君曰昔者夫子脩其班制
以與四鄰交衛國之社稷不辱不亦文乎是其事也
明王礼亦當然其諸侯之法案曾子問云賤不誄貴

幼不誄長諸侯相誄非礼春秋之世卑謚於尊不得如礼案曲禮言謚同類以其象聘問之礼見天子乃使大史賜之謚小史不讀之以其諸侯自有史若然此直言小喪賜之謚則三公諸侯亦在焉　凡射至禮事　釋曰言凡射事者則大射賓射燕射之等皆使大史爲此三事飾中者謂飾治使潔靜舍筭者射有三番第一番三耦射不釋筭第二第三番射乃釋筭執其禮事者大史主禮者天子諸侯射先行燕礼後乃射其中礼事皆大史掌之　注舍讀至未聞釋曰先鄭云中所以盛筭也者司農之意所有射筭

皆盛於中故後鄭不從玄謂設筭於中以待射時而
取之中則釋之者案鄉射大射筭皆於中西設八筭
於中内偶升將射大史取中之八筭執之待射中則
更設於中待第二耦射第三耦已下皆然鄉射禮曰
已下是鄉射記文云君國中射皮豎中者謂燕射在
寢則以皮豎獸形爲中云於郊則閭中者謂大學之
射云於竟則虎中者謂與鄰國君射也云大夫兕中
士鹿中者大夫士各一中故大夫以兕獸爲中士以
鹿獸爲中云天子之中未聞者經記不言故也　小
史至忌諱　釋曰小史掌邦國之志者邦國連言據

諸侯志者記也諸侯國内所有記録之事皆掌之云奠繫世者謂定帝繫世本云辨昭穆者帝繫世本之上皆有昭穆親疏故須辨之云若有事者謂在廟中有祈祭之事云則詔王之忌諱者謂小史告王以先王之忌諱也　注鄭司至其廟　釋曰古者記識物爲志春秋傳所謂周志者皆是左氏傳殽之役晉襄公縛秦囚來駒失戈狼瞫取戈斬囚遂爲車右箕之役先軫黜之而立續簡伯其友曰盍死之瞫曰吾未獲死所其友曰吾與汝爲難瞫曰周志有之勇則害上不登於明堂引之者證志爲記識之義也引韓宣

子者案昭公二年左氏傳晉韓起來聘觀書於大史
氏見易象與魯春秋引之者證史官掌邦國之志此
經小史掌志引大史證之者大史史官之長共其事
故也　云繫世謂帝繫世本之屬是也者天子謂之帝
繫諸侯謂之世本云瞽矇諷誦之者案瞽矇職云掌
諷誦詩世奠繫鼓琴瑟是也云先王死日爲忌名爲
諱者告王當避此二事　大祭至俎簋　釋曰此言
敘昭穆之俎簋則非外神耳則大祭祀唯謂祭宗廟
三年一祫之時有尸主兼序昭穆俎簋也　注讀礼
至比之　釋曰鄭知讀禮法是大史與羣執事者大

史職云大祭祀戒及宿之日與羣執事讀礼書而協事彼云禮書即此禮法也云言讀禮法者小史叙俎簋以爲節者謂大史讀礼法之時小史則敘昭穆及俎簋當依礼出之節按比之使不差錯故俎及簋云爲節也齊景公事在昭二十年左氏傳彼傳公有疾語晏子曰據與款謂寡人能事鬼神故欲誅於祝史是其事也　大喪至小事　釋曰此數事皆大史掌之小史得佐之　卿大至讀誄　注其讀至相成　釋曰案大史云小喪賜謚注云小喪卿大夫之喪注取此文彼不云讀誄今此云卿大夫之喪賜謚誄讀

賜謚是大史之事非小史但小史於大史賜謚之時須誄列生時行跡而讀之故云其讀誄亦以大史賜謚爲節云事相成者謚法依誄爲之故云事相成

馮相氏至天位　釋曰云十有二歲者歲謂大歲左行於地行於十二辰一歲移一辰者也云十有二月者謂斗柄月建一辰十二月而周故云十有二月云十有二辰者謂子丑寅卯之等十有二辰也十日者謂甲乙丙丁之等也云二十八星者東方角亢氐房心尾箕北方斗牛之等爲二十八星也若指星體而言謂之星日月會於其星即名宿亦名辰亦名次亦

皆序云之位者揔五者皆有位處也云辨其敍事者謂五者皆與人爲候之以爲事業次敍而事得分辨故云辨其序事也云以會天位者五者在天會合而爲候也此謂之五者也　注歲謂至術云　釋曰云歲謂大歲〻星與日同次之月斗所建之辰者此大歲在地與天上歲星相應而行歲星爲陽右行於天一歲移一辰又分前辰爲一百三十四分而侵一分則一百四十四年跳一辰十二辰帀則揔有千七百二十八年十二跳辰帀以此而計之十二歲一小周謂一年移一辰故也千七百二十八年一大周十二

跳币故也歲左行於地一與歲星跳辰年數同此則
服虔注春秋龍度天門是也以歲星本在東方謂之
龍以辰為天門故以歲日跳辰為龍度天門也云歲
星與日同次之月斗所建之辰者以歲星為陽人之
所見大歲為陰人所不覩既歲星與大歲雖右行左
行不同要行度不異故舉歲星以表大歲言歲星與
日同次之月一年之中唯於一辰之上為法若元年
甲子朔旦冬至日月五星俱起於牽牛之初是歲星
與日同次之月十一月斗建子子有大歲至後年歲
星移向子上十二月日月會於玄枵十二月斗建丑

又有大歲自此已後皆然引樂説者證大歲在月建之義也云然則今曆大歲非此也者以今曆大歲星北辰大歲無跳辰之義非此經大歲者也云歲日月辰星宿之位謂方面所在者此五物皆依四方四面十二辰而見故云方面所在云謂若仲春辨秩東作已下者案尚書皆作平秩不爲辨秩今皆云辨秩據書傳而言辨其平也注引國語者周語文云王合位于三五者案彼武王伐紂之時歲在鶉火月在天駟日在析木之津辰在斗柄星在天元列之者證經五者各於其位　冬夏至之叙　釋曰此經欲知人君

政之得失之所致觀日月之景以辨四時之敘若政
教得所則四時之景依度若依度則四時之敘得正
矣必冬夏致日春秋致月者以日者實也故於長短
極時致之也月者闕也故於長短不極時致之也
注冬至至正矣　釋曰鄭知冬至景丈三尺者案易
緯通卦驗云冬至日置八神樹八尺之表日中視其
影如度者歲美人和晷不如度者歲惡人僞言政令
之不平法神讀如引言八引者樹杙於地四維四中
引繩以正之故因名之曰引立表者先正方面於視
日審矣晷進則水晷退則旱進尺二寸則月食退尺

二寸〻則日食注云影進謂長於度日之行黃道外則
影長影長者陰勝故水影短於度者日之行入進黃
道内故影短影短者陽勝是以旱進尺二寸則月食
者月以十二爲數以勢言之宜爲月食退尺二寸則
日食者日之數備于十影進爲盈影退爲縮冬至影
長丈三尺注云所立八尺之表陰長丈三尺長之極
彼雖不言夏至尺五寸景以冬至影丈三尺反之致
夏唯尺五寸景也是以鄭注考靈耀云日之行冬至
之後漸差向北夏至之後漸差向南日差大分六小
分四大分六有分一寸爲十分〻小分四者分一分

爲十分一寸千里則差六百四十里案大司徒職注
日至之景尺有五寸謂之地中從夏至之後差之至
冬至得丈三尺景又案天文志春秋分日在婁而影
中立八尺之表而影景長七尺三寸六分云極則冬
無愆陽夏無伏陰者愆陽伏陰者昭四年申豐辭以
其德政所致而四時之景合度故陰陽和也云春分
日在婁秋分日在角而月弦於牽牛東井亦以其景
知氣至不者案通卦驗云夫入卦氣驗常不在望以
入月八日不盡八日候諸卦氣注云入月八日不盡
八日陰氣得正而平以此而言明致月景亦用此日

矣若然春分日在婁其月上弦在東井圓於角下弦於牽牛秋分日在角上弦於牽牛圓於婁下弦東井故鄭并言月弦於牽牛東井故鄭并言月弦於牽牛東井不言圓望義可知也此以三月諸星復若不在三月則未到本位大判皆以合昏星體在酉而言以其二月春分婁星昏在酉秋分角星昏亦在酉以是推之皆可知案天文志云月有九行云黑道二出黃道北赤道二出黃道南白道二出黃道西青道二正出黃道東立春春分月東從青道云云然則用之決房中赤青出陽道白黑出陰道月失節度而行出陽

道則旱風出陰道則雨此云九行則通數黃道也進入黃道南別謂之赤道夏時月在黃道南謂之赤道進入黃道北謂之黑道東西自相對春時月行黃道東謂之青道進入黃道西謂之白道秋時月在黃道西謂之白道進入黃道東謂之青道此皆不得其正故日出陽道則旱風出陰道則雨若在黃道是其正亦如日然故星備云明王在上則日月五星皆乘黃道又云黃帝占月天道有三黃道者日月五星所乘問曰案鄭駁異義云三光考靈耀書云日道出于列宿之外万有餘里謂五星則差在其內何得與日同

乘黄道及問曰日何得在婁角牽牛東井乎荅曰黄道數寬廣雖差在内猶不離黄道或可以上下爲外内又案天文志云春秋分日在婁角去極中而晷中立八尺之表而晷景長七尺三寸六分也若然通卦驗云春秋晷長七尺二寸四分者謂晷表有差移故不同也

周禮疏卷第三十

# 周禮疏卷第三十一

唐朝散大夫行大學博士弘文館學士臣賈公彥等撰

保章氏至吉凶　釋曰上馮相氏掌日月星辰不變依常度者此官掌日月星辰變動與常不同以見吉凶之事　注志古至見焉　釋曰云志古文識〻記也者古之文字少志意之志與記識之志同後代自有記識之字不復以志爲識故云志古文識〻即記也云星謂五星者案天文志謂東方歲南方熒惑西方大白北方辰中央鎮星云辰日月所會者左氏傳士文伯對晉侯之辭也云五星有贏縮者案天文志

云歲星所在其國不可以伐人起舍如前出爲贏〻
爲客晚出爲縮〻爲主人故人有言曰天下大平五
星循度亡有逆行日不蝕朔月不蝕望云圜角者星
備云五星更王相休廢其色不同王則光芒相則内
實休則光芒無角不動搖廢則少光色順四時其國
皆當也又云立春歲星王七十二日其色有白光角
芒土王三月十八日其色黄而大休則圓廢則内虚
立夏熒惑王七十二日色赤角芒土王六月十八日
其色黄而大立秋大白王七十二日光芒無角土王
九月十八日其色黄而大立冬辰星王七十二日其

色白芒角土王十二月十八日其色黄而大星常出
相不芒角其邦大弱强國取地大弱失国亡土也云
日有薄蝕暈珥者此則視祲職具釋其事也云月有
虧盈者此則礼運所云三五而盈三五而闕也云朓
則匿之變者案尚書五行傳云晦而月見西方謂之
朓朔而月見東方謂之側匿側匿則侯王其肅朓則
侯王其舒云七者右行列舍者七謂日月五星皆右
行於天留伏順逆以見吉凶故云天下禍福變移所
在皆見焉若然經有辰鄭云日月所會直釋辰名不
解辰之禍福者但辰與二十八星隨天左行非所以

見吉凶已見馮相氏而此言之者星辰是相將之物挾句而言故鄭不釋爲禍福之事也　以星至妖祥

釋曰此經論北斗及二十八宿所主九州及諸國封域之妖祥所在之事故云以星土也辨九州之地者據北斗而言云所封封域者據二十八星而説云皆有分星者揔解九州及諸國也　云以觀妖祥者據星見徵應所在以觀妖祥之事也　注星土至爲象

釋曰先鄭所引春秋傳者案昭元年左氏傳鄭子産云辰爲商星參爲晉星又襄九年左氏傳云辰爲商主大火此所引及國語皆據諸國而言故增成其

義并釋九州之土也後鄭云大界則曰九州者此解經九州之地案春秋緯文耀鉤云布度定記分州繫象華岐以龍門積石至三危之野雍州屬魁星則大行以東至碣石王屋砥柱冀州屬樞星三河雷澤東至海岱以北兖州青州屬機星蒙山以東至南江會稽震澤徐揚之州屬權星大别以東至雷澤九江荆州屬衡星荆山西南至岷山北岠鳥鼠梁州屬開星外方熊耳以至泗水陪尾豫州屬揺星此九州屬北斗星有七州有九但兖青徐揚并屬二州故七星主九州也周之九州差之義亦可知云州中諸國已下

别釋經所封〻域古黃帝時堪輿亡故其書亡矣云
堪輿雖有郡國所入度非古數者謂後代有作堪輿
者非古數雖非古數時有可言者故云今其存可言
者十二次之分也者但吳越在南齊魯在東今歲星
或北或西不依國地所在者此古之受封之日歲星
所在之辰國屬焉故也吳越二國同次者亦謂同年
度受封故同次也云此分野之妖祥主用客星彗孛
之氣爲象者案公羊傳昭十七年冬有星孛于大辰
孛者何彗星也何休云孛彗者邪亂之氣掃故置新
之象左氏申繻曰彗所以除舊布新如是彗孛一也

時為宋衛陳鄭烖天文志彗長文二言用客星者彗
非位奔霣而入他辰者也　以下至妖祥　釋曰此
經又以大歲以觀妖祥之異耳　注歲謂至是也
釋曰云歲謂大歲者上文已說五星訖以文次而推
知非歲星故知是在地之大歲也其推大歲所在以
下於上馮相氏釋訖鄭恐人不曉故重言之也先鄭
云大歲所在歲星所居者亦欲見推大歲之處云歲
星所居亦是歲星與日同次之月也大歲所在亦是
斗
外所建之辰下有大歲也云越得歲而吳伐之必受
其凶之屬者案昭三十二年夏吳伐越史墨曰不及

四十年越其有吴乎越得歲而吴伐之必受其凶案昭十三年蔡復之歲〻在大梁至昭三十二年正應在析木而越得歲者案彼服注歲星在星紀吴越之分野蔡復之歲〻在大梁距此十九年昭十五年有事於武宫之歲龍度天門龍歲星也天門在戌是歲越過故使今年越得歲龍東方宿天德之貴神其在所之國兵必昌向之以兵則凶吴越同次吴先奉兵故凶也或歲星在越分中故云得歲史墨知不及四十年越有吴者以其歲星十二年一周天存亡之數不過三紀三者天地人之數故歲星三周星紀至亡

據哀二十二年越滅吳至此三十八年鄭君之義則不然故春秋志云五星之期各用數有氣者期遠而禍大無氣者期近而禍小吳越以夏周之孟夏建卯仲夏建辰木用事之時木數三木用事則歲星王當從遠期以三乘十二為三十六歲星復其所而三十七過其次而歲星去矣故伐越亦後至哀二十二年積三十八年冬十一月丁亥而越滅吳案越興在哀二十年吳惡未周故不滅也此鄭義與服小異大同也案括地象天不足於西北則西為天門昭十五年歲星正應在鶉首越一次當在鶉火是以昭三十二

年得在星紀若然天門不在戌若促龍度天門正應
在五月日體在鶉首與歲星同次日没於戌歲星亦
應没由度戌至酉上見而不没故云龍度天門 以
五至祲象 釋曰物色也此五色之雲以辨吉凶也
云水旱降豐荒者水旱降爲荒凶也風雨降爲豐吉
也云之祲象者祲謂日旁雲氣以見五色之雲則知
吉凶也 注物色至救政 釋曰鄭知視日旁雲氣
之色者以其視祲職十者皆視日旁雲氣之色此云
祲象故知所視五雲亦視日旁雲氣之色也鄭知水
旱所下之國者以其云降明據日旁雲氣則知當十

二辰之分野所下之國有豐荒也鄭以二至二分觀
雲色者即所引春秋者是云青爲䖝已下蓋據陰陽
書得知案僖五年左氏傳云春王正月辛亥朔日南
至公既視朔遂登觀臺以望而書禮也凡分至啓閉
必書雲物爲備故也注云分春秋分至冬夏至啓立
春立夏閉立秋立冬據八節而言也先鄭引下文凡
此五物者欲見春秋與此相當故也　以十至妖祥
釋曰此一經欲見十二辰頭待氣以知妖祥之事
注十有至審矣　釋曰鄭知十二風是十二辰氣
爲風者師曠云歌北風南風皆據十二辰之氣爲風

故知風即氣也云吹其律以知和不其道亡者鄭亦
樂師曠吹律而知此氣亦當吹律也今無吹律之法
故云其道亡引襄十八年者是時鄭屬晉不復事楚
楚師伐之晉爲盟主欲救之故師曠吹律以觀楚強
弱樂彼服注北風無射夾鍾以北南風沽洗以南云
命乖別審矣者以南風弱即知楚無功是其命楚師
乖離別審矣案考異郵曰陽立于五極于九五九四
十五且變以陰合陽故八卦主八風距同各四十五
日艮爲條風震爲明庶風巽爲清明風離爲景風坤
爲涼風兌爲閶闔風乾爲不周風坎爲廣莫風案通

卦驗云冬至廣莫風十二月大寒小寒皆不云風至立春條風至雨水猛風至二驚蟄不見風至春分明庶風至清明雷鳴雨下清明風至玄鳥來穀雨不見風立夏清明風至小滿不見風五月芒種不見風大暑不見風立秋涼風至處暑不見風白露不見風秋分涼風至寒露霜降皆不見風立冬不周風至小雪大雪皆不見風如是無十二風何云十二月皆有風乎案通卦驗云三月六月九月十二月皆不見風惟有八以當八卦八節云十一月者則乾之風漸九月坤之風漸八月艮之風漸十二月巽之風漸三月故

清明節次云清明風立夏復云清明風是清明風至
三月復至四月則其餘四維之風至兩月可知雨水
猛風與條風俱在正月則猛風非八卦之風亦不如
之　凡此至序事　釋曰此經惣計上五經文云凡
此五物者謂從掌天星以下五經並是已見之物有
此五事云詔者詔告也告王改脩德政以備之救止
前之惡政云訪序事者謂事未至者預告王訪謀令
自天時占相所宜次叙其事使不失所也　內史至
曰奪　釋曰案大宰有誅無殺此有殺無誅者誅與
殺相因欲見爲過不止則殺之假令過失已麗於法

内之圜土司圜職云掌收教罷民又云不能改而出圜土者殺之是因過而致殺也入者不與大宰次第同者亦欲見事起無常故不依本也　執國至會計　釋曰以內史掌爵禄殺生之事故執國法及國令之貳者國法大宰掌其正國令謂若凡國之政令故亦掌其貳貳即句考其政事及會計以知得失善惡而誅賞也　注國法至八則　釋曰案大宰則皆訓爲法故知國法中含有六典八法八則也　掌敘至聽治　注敘六至其情　釋曰云敘六敘也者案小宰職有六序〻〻之內云六曰以序聽其情則是其聽治

之法也　凡命至命之　釋曰周法爵及士雖文更
不見命士之法明士亦内史命之不言者以其賤略
之也　注鄭司農至以出　釋曰此事見僖二十八
年左氏傳以晉文公敗楚於城濮王命爲侯伯之辭
案曲禮云大國曰伯父州牧曰叔父晉既大國而云
叔父者王以州牧之禮命之故也　凡四至讀之
釋曰言四方之事書者諸侯爲事有書奏白於王内
史讀示王　注若今至省事　釋曰漢法奏事讀之
故舉以況之也　王制至出之　注贊爲至附庸
釋曰先鄭云上農夫已下皆礼記王制文案彼所釋

凡地有九等案遂人注有夫有婦乃成家自二人以至十人爲九等則地有上〻〻中上下中上中〻〻下〻上下中下〻若然上地之中有上〻之地食十人上中食九人今言上農夫食九人不言上〻食十人者欲取下士食九人祿與上中之地食九人同故據上中已下而言也云其次食八人據上下之地云其次食七人者據中上之地云其次食六人者據中中之地云其次食五人者據中下之地又不言下上之地食四人以下者欲見八人以下至五人有四等當庶人在官者有府史胥徒其祿以是爲差故不言

四人以下也若然則府食八人史食七人胥食六人徒食五人故云庶人在官者其祿以是爲差也云諸侯之下士視上農夫祿足以代其耕也者欲見從下士以上祿轉多故以此爲本以增之杜子春云方直謂今時牘也者古時名爲方漢時名爲牘故舉以訖之云謂王制曰已下以先鄭不言者故引之以增成其義欲見此經所云據王臣爲本故先鄭後鄭内外兼見　賞賜亦如之　釋曰此謂王以恩惠賞賜臣下之祿亦以方書賛爲之辭案司勳職凡賞無常輕重視功〻〻多則多功少則少年内史至貳之　釋曰

謂王有詔勅頒之事則當副寫一通藏之以待勘校
也　外史掌書外令　注王令下畿外　釋曰經典
凡言四方及外者據畿外而言經言外故知王下畿
外之命也　掌四方之志　注志記至檮杌　釋曰
謂若魯之春秋之等孟子文名春秋者謂四時之書
春為陽之首秋為陰之先故舉春秋以苞四時也云
晉謂之乘者春秋為出軍之法甸方八里出長轂一
乘故名春秋為乘也云楚謂之檮杌者檮杌謂惡獸
春秋者直史不避君之善惡事同檮杌故謂春秋為
檮杌也皆是國異故史異名也引之者欲見春秋是

記事云與四方之志為一故也　掌三皇之書　注
楚靈至五典　釋曰案孝經緯云三皇無文五帝畫
象三王肉刑又世本作云蒼頡造文字蒼頡黃帝之
史則文字起於黃帝今此云五帝之書為可而云三
皇之書者三皇雖無文以有文字之後仰錄三皇時
事故云掌三皇之書也案昭十二年楚靈王謂左史
倚相能讀三墳五典八索九丘彼三墳三皇時書五
典五帝之常典八索三王之法九丘九州亡國之戒
下有延叔堅馬季長等所說不同惟孔安國尚書序
解三墳五典與鄭同以書有堯典舜典禹貢之等是

書之篇名聘禮記云百名以上書之於策不備百名書之於方是文字之書名俱是書名此經直云書名未知何者之書名故鄭兩解之云古曰名今曰字古者之文字少直曰名後代文字多則曰字者滋也滋益而名故更稱曰字正其名字使四方知而讀之也

御史至冢宰　釋曰天官冢宰六典治邦國八則治都鄙及畿内万民之治令此御史亦掌之以贊佐故同其事　凡治至令焉　釋曰言凡語廣謂外内官所有治職者皆御史書王之法令授與受者故言凡以贊之也　掌贊書　注王有至詔之　釋曰謂

若今出詔勑之書是王有命頒下於外其詔勑書則
御史賛王爲此書故云掌賛也　凡數從政者　釋
曰自公卿已下至胥徒在王朝者皆是凡數又是從
政之人故云凡數從政者也先鄭所云以掌賛書數
爲句讀之玄以爲不辭故改之云者掌賛書數書數
旣爲三百三千有何可賛也且書數得爲三百三千
下別言從政者有何義意乎故後鄭以爲不辭而改
之也　巾事案出入　釋曰云公事之政令有以下
辨其用及等敘出入皆是令故先言其總也出入謂
若下文凡事之出入則書之冬官造事訖來入巾車

又當出封同姓之等亦是也　注公猶至次敘
釋曰云公猶官也者謂若言公似據三公及諸侯若
言官則王家皆是故從官也云用謂祀賓之屬者其
中仍有朝及田戎之等故言之屬以摠之云大常以
下仍有大旂大赤大白大麾之等故云以下云等敘
之以封同姓異姓之次敘者周人先同姓次異姓後
云四衛蕃國以下故云次敘也　王之至以祀　釋
曰云王之五路此言與下為摠目一曰已下析别言
之云以祀者以下諸路皆非祭祀之事則一名外内
大小祭祀皆用此一路而已　注王在至之屬　釋曰

言王在焉曰路者謂若路門路寢路車路馬皆稱路故廣言之云王在焉曰路〻大也王之所在故以大爲名諸侯亦然左氏義以爲行於道路故以路名之若然門寢之等豈亦行於路乎云玉路以玉飾諸末者凡言玉路金路象路者皆是以玉金象爲飾不可以玉金爲路故知玉金等飾之言諸末者凡車上之材於末頭皆飾之故云諸末也云鍚馬面當盧刻金爲之者眉上曰鍚故知當額盧案韓弈詩鉤膺鏤鍚金稱鏤故知刻金爲之故鄭引詩云所謂鏤鍚也彼詩毛傳亦云金鏤其鍚鄭箋云眉上曰鍚刻金飾之

之云樊讀如盤鞶帶之盤鞶者案易訟卦上九云或錫之
鞶帶注云鞶帶佩鞶之帶但易之鞶謂鞶囊即內則
云男鞶革是也此鞶謂馬大帶音字同故讀從之是
以鄭即云馬大帶也先鄭云纓謂當胷引士喪礼下
篇馬纓以削革爲之賈馬亦云鞶纓馬飾在膺前十
有二币以毛牛尾金塗十二重後鄭皆不從之者以
鞶爲馬大帶明纓是夾馬頸故以今馬鞅解之也後
鄭云玉路之樊及纓皆以五采罽飾之者案爾雅釋
言云氂罽也郭氏云毛氂所以爲罽如是罽除毛爲
之鄭必知罽飾之者蓋以今時所見擬之必知用五

采者案典瑞云鎮圭繅五采五就則知王者就飾用五采惟有外傳小采以朝月者用三采耳繅藉五采即云五就則一采一帀爲一就此中樊纓十二就之屬就數雖多亦一采一帀爲一就如玉藻十二就然大常九旗之畫日月者案司常云日月爲常是也云正幅爲縿者爾雅文知斿則屬焉者爾雅云纁帛縿練旒九縿旒用物不同旒又有數明知則屬可知也

金路至以封　釋曰上玉路云一曰此已下皆不云二曰三曰之等者若據王而言玉路言一曰則金路已下二曰三曰之等可知若據諸侯言之從此金

路已下所受得各自爲上故此已下略不言二曰三
日之等也云同姓以封者周人先同姓故得金路賜
異姓已下則用象路之等同姓雖尊仍不得玉路〻
〻以祭祀故不可分賜　注金路至爲鉤　釋曰云
金路以金飾諸末者亦如玉路所飾也云鉤婁頷之
鉤也者詩云鉤膺鏤錫鉤連言膺明鉤在膺前以今
驗古明鉤是馬婁頷也云金路無錫有鉤者以玉路
金路二者相參知之何者玉路云錫金路云鉤明知
金路有鉤無錫上得兼下言之則玉路直言錫兼有
鉤可知云亦以金爲之者錫用金明鉤亦用金爲飾

也云九成者亦如上一采四剛爲一成凡九就九成也
云大旂九旗之畫交龍者司常職文云以賓以會賓
客者案齊右會同賓客前齊車故知以賓是以會賓
客至於載主亦同焉故曾子問云天子巡守以遷廟
主行載于齊車注云齊車金路若王吊亦乘金路是
以士喪禮注云君吊蓋乘象路謂得金路之賜者吊
時降一等乘象路明知玉有王路吊時降一等乘金
路可知云同姓以封謂王子母弟率以功德出封雖
爲侯伯其畫服猶如上公若魯衛之屬者周之法二
王之後稱公王之同姓例稱侯伯而已若魯衛稱侯

鄭稱伯故兼云雖爲侯伯也知畫服如上公者典命
云上公九命車旗衣服以九爲節是上公九命服衮
冕又云侯伯七命車旗衣服以七爲節則服鷩冕爲
異姓侯伯若魯衛鄭雖爲侯伯則服衮受五百里之
封是以明堂位魯侯服衮冕是雖爲侯伯服如上公
世言此者欲見二王後上公雖是異姓庶姓乘金路
今同姓王子母弟以衣服與上公同明乘金路亦同
矣云其無功德各以親疏食采畿内而已者天子不
可私非其才其無功德不可輒授之以職禮運云天
子有田以處其子孫故封之於畿内而已是以司裘

云諸侯則共熊侯豹侯是王子母弟封於畿内者也
言親疏食采者案載師職家邑任稍地小都任縣地
大都任疆地其中非直有公卿大夫食采若親王母
弟則與公同食大都百里稍疏者與卿同食小都五
十里更疏者與大夫同食二十五里耳故云各以親
疏食采畿内而已　象路至以封　注象路至甥舅
釋曰象路以象飾諸末者此所飾亦如玉金矣但
用象爲異也云象路無鉤以朱飾勒而已者經不云
鉤明無鉤經直云朱鄭知以朱飾勒者見下文革路
云龍勒明知此朱同爲飾勒也　云大赤九旗之通帛

者司常職文以日視朝者謂於路明外常朝之處乘之此雖據常朝而言至於三朝皆乘之案司常云道車建旞鄭注云道車象路也王以朝夕燕出入乘此象路則建旞若在朝廷大赤也其車則同也云異姓王甥舅者謂先王及今王有舅甥之親若陳國杞國則別於庶姓故乘象路之車也　革路至四衛　注革路至以內　釋曰云革路鞔之以革而漆之無他飾者自玉路金路象路四者皆以革鞔則冬官云飾車欲侈者也但象路以上更有玉金象爲飾謂之他物則得玉金象之名此革路亦用革鞔以無他物飾

則名爲革路也鄭知駹是白黑飾革雜色爲勒者以繢人云白與黑謂之黼黑白相形之物且下有駹車邊側有黑漆爲駹此革路既素又有大白之旗故以白黑駹爲雜也云以此言條知玉路金路象路飾樊纓皆不用金玉象者上玉路樊纓十有二就馬氏以爲旄牛尾金塗十二重有此嫌故微破之也云大白殷之旗猶周大赤蓋象正色也者明堂位云殷之大白周之大赤相對而言故云猶周大赤周以十一月爲正物萌色赤殷以十二月爲正物牙色白是象正色無正文故云蓋云即戎謂兵事也者司服兵事韋弁

弁服車服相配俱是即戎故云謂兵事也趙商問巾車職云建大白以即戎注云謂兵事司馬職仲秋辨旗物以治兵王載大常下注云凡班旗物以出軍之旗則如秋不知巾車大白以即戎爲在何時荅曰殷之正色者或會事或勞師不親將故建先王之正色異於親自將又案司馬法云章夏以日月上明殷以虎上威周以龍上文不用大常者周雖以日月爲常以龍爲章故郊特牲云龍章而設日月又案周本紀武王遂入至紂之死所王射之三發而后下車以輕劍斬紂頭懸於大白之旗不用大常者將未有周禮

故武王雖親將猶用大白也云四衛四方諸侯守衛
者蠻服以內者此四衛非謂在衛服者以其諸侯非
同姓與王無親即是庶姓在四方六服已內衛守王
大司馬以要服爲蠻服故云蠻服以內也　木路至
蕃國　注木路至爲結　釋曰鄭知木路不鞔以革
者以其言木則木上無革可知必知有漆者以其喪
車尚有漆者況吉之乘車有漆可知云前讀爲緇翦
之翦者讀從既夕文也彼爲加茵用疏布緇翦有幅
亦縮二横三鄭云翦淺也此前亦取淺義故讀從之
知木路無龍勒者以經不云勒明降於革路無龍勒

可知云大麾不在九旗中者上大白亦不在九旗之中而不言者九旗之中雖無大白仍有雜帛爲物兼有殷正色故此特言之云以正色言之則黑夏后氏所建者此亦以正色言之上文大赤據周大白據殷則此大麾當夏之正色黑故言夏后氏所建也案明堂位有虞氏之旂夏后氏之綏鄭注云有虞氏當言緌夏氏當言旂若然則夏后氏有旂無緌今此大麾則緌而爲夏后氏所建者彼以前代質後代文差之則緌當有虞氏旂當夏后氏但旌旂皆上有緌夏之旂去旒旐而用之即是緌故以正色推之當夏也云

田四時田獵者趙商問巾車職曰建大麾以田注云
田四時田・獵商案大司馬職曰四時皆建大常今又
云建大麾以田何荅曰麾夏之正色雖習戰春夏尚
生其時宜入兵夏本不以兵得天下故建其正色以
春田秋冬出兵之時乃建大常故雜問志云四時治
兵王自出礼記天子殺則下大綏司馬職王建大常
足相參正云蕃國謂九州之外夷服鎮服蕃服者案
司馬職要服已内爲九州其外更有三服夷鎮蕃揔
而言之皆號蕃國是以此文及大行人謂之蕃國也
杜子春云鵠或爲結者案馬氏云前樊結纓謂屛堂

婁纓在前有結在後往〻結華以為堅且飾辭良以
為樊纓皆有采就則前與鵠亦可以為飾而賈氏謂
前纓有結其義非今子春為結後鄭引之在下得通
一義故也凡五等諸侯所得路者在國祭祀及朝天
子皆乘之但朝天子之時乘至天子館則舍之於館
是以覲禮記云偏駕不入王門謂舍之於客館乘墨
車龍旂以朝鄭云在旁與己同曰偏若兩諸侯自相
朝亦應乘之若齊吊及朝并朝夕燕出入可降一等
若在軍皆乘廣車若以田以鄙則乘木路也若五等
諸侯親迎皆乘所賜路以其士親迎攝盛乘大夫車

則大夫已上尊見尊矣不可更攝盛轉乘在上之車當乘所賜車與祭祀同則王乘金路可也若然同姓金路無錫韓侯受賜得有鏤錫者正礼雖不得後有功特賜有之也若如鄭注同姓雖爲侯伯畫服如上公得乘金路若爲子男似不得當與異姓同乘象路也異姓象路則降上公以其上公路　庶姓亦乘金路其異姓侯伯子男皆乘象路也言四衛革路者亦謂庶姓侯伯子男蕃國木路者夷狄惟有子男同木路也無聞祀賓已下皆乘之　王后至容蓋　釋曰言王后之五路亦是揔目之言也凡言翟者皆謂翟

鳥之羽以為兩旁之蔽言重翟者皆二重為之厭翟者謂相次以厭其本下有翟車者又不厭其本也凡言總者謂以總為車馬之飾若婦人之總亦旣繫其本又垂為飾故皆謂之總也案下翟車尊於安車而進安車在上者以其翟車有幄無蓋安車重翟同無幄而有容蓋故進安車與重厭之車同在上也　注重翟至翟手　釋曰云勒面謂以如玉龍勒之韋爲當面飾也者案上龍勒不言面此勒言面則所施之處不同則上言勒者馬之纓飾皆是不在面此言勒面則在面矣用物則同故鄭引龍勒以釋此也云安

車坐乘車凡婦人車皆坐乘者案曲禮上云婦人不立乘是婦人坐乘男子立乘曲禮上大夫七十而致事若不得謝則必賜之几杖乘安車則男子坐乘亦謂之安車也若然此王后五路皆是坐乘獨此得安車之名者以餘有重翟厭翟々車輦車之名可稱此無異物之稱故獨得安車之名也云翳讀爲鳧鷖之鷖者從毛詩鳧鷖之篇名鷖者取鳥之鷖色青黑爲義知以繒爲之總著馬勒直兩耳與兩鑣者先鄭蓋見當時以況古也云容謂幨車山東謂之裳幃或曰幢容者案昏禮云婦車亦如之有裧注云裧車裳

幃周礼謂之容又衛詩云漸車幃裳毛氏亦云童容是容潼容與幨及裳幃為一物也玄謂朱總繢總其施之如鷖總車衡轄亦宜有焉者後鄭取先鄭總著馬勒直兩耳與兩鑣為本其於車之衡轄亦宜有焉以其皆是華飾之事故兼施於車也云蓋如今小車蓋也者此舉漢法小車有蓋以況周凡蓋所以表尊亦所以禦雨故三者皆有之也云皆有容有蓋則重翟厭翟謂蔽也者案馬氏等云重翟為蓋今之羽蓋是也為有此嫌故破之若重翟厭翟是蓋何須下文云皆有容蓋乎是以後鄭約下王之喪車五乘皆

有蔽明后之車言翟者亦謂蔽也云重翟后從王祭祀所乘者此約王之五路則重翟當玉路后無外事惟祭先王先公羣小祀皆乘此重翟也云厭翟后從王賓饗諸侯所乘者案内宰職云賓客之祼獻瑤爵皆贊注云謂王同姓及二王之後王祼賓客亞王而禮賓獻謂王饗燕亞王獻賓也此時后則乘厭翟故云從王賓饗諸侯也不言祼者文略耳云安車無蔽后朝見於王所乘謂去飾也者以其安車不言翟明無蔽以其朝王質故去飾也引詩周風碩人曰翟蔽以朝謂諸侯夫人始来乘翟蔽之車以朝於君盛之

也此翟蔽蓋厭翟也者彼是衛侯之夫人當乘厭翟則上公夫人亦厭翟以其王姬下嫁於諸侯車服不繼於其夫下王后一等不得乘重翟則上公與侯伯夫人皆乘厭翟可知若子男夫人可以乘翟車至於祭祀及嫁皆乘之云然則王后始來乘重翟乎者王姬下嫁下后一等及諸侯夫人皆乘厭翟則王后自然始來乘重翟可知若然王之三夫人與三公夫人與三公夫人同乘翟車九嬪與孤妻同乘夏篆二十七世婦與卿妻同乘夏縵女御與大夫妻同乘墨車士之妻攝盛亦乘墨車非嫁攝盛則乘棧車也諸侯

已下夫人祭祀賓饗出桑朝君差之皆可知也若然諸侯夫人亦當有安車以朝君也　翟車至有幄　釋曰上言朱總繢總鷖總彼皆以繒爲之今此言組總則以組條爲之總亦施於勒及兩耳兩鑣并車衡雜焉　注翟車至出桑　釋曰翟車不重不厭明以翟飾車之側可知云貝面貝飾勒之當面也者貝水物謂餘泉餘蚳之貝文以飾勒之當面者也云有幄則此無蓋矣者但蓋所以禦雨無幄乃施之今既有幄故知無蓋矣云如今輧車是也者漢法輧車無蓋故舉以況之云后所乘以出桑者案月令三月是薦鞠

衣於先帝又后妃親桑於東郊二者后皆乘此翟車
以其告先帝非祀親桑又非大事故知乘翟車也
輦車至羽蓋　注輦車至爲翿　釋曰輦車不言飾
者以其不言翟又不言面總之等是不言飾也此無
所供事直是后居宮中從容所乘車也知漆之者凡
吉之車器之等皆漆之明此亦有漆也知爲輇輪者
案禮記云載以輲車輲車載柩之車則地官蜃車人
輓之以行此輦車組輓亦是人輓行者案雜記注引
許氏說文解字曰有輻曰輪無輻曰輇則人輓〔輓〕行者
皆是無輻曰輇案上雜記注輇崇蓋半乘車之輪案

車高六尺六寸則此當二尺三寸云有翣所以禦風塵者翣即扇也扇所以爲障蔽亦所以禦風塵也云以羽作小蓋爲翳日也者翣既禦風塵明羽蓋所以翳日可知也

周禮疏卷第三十一

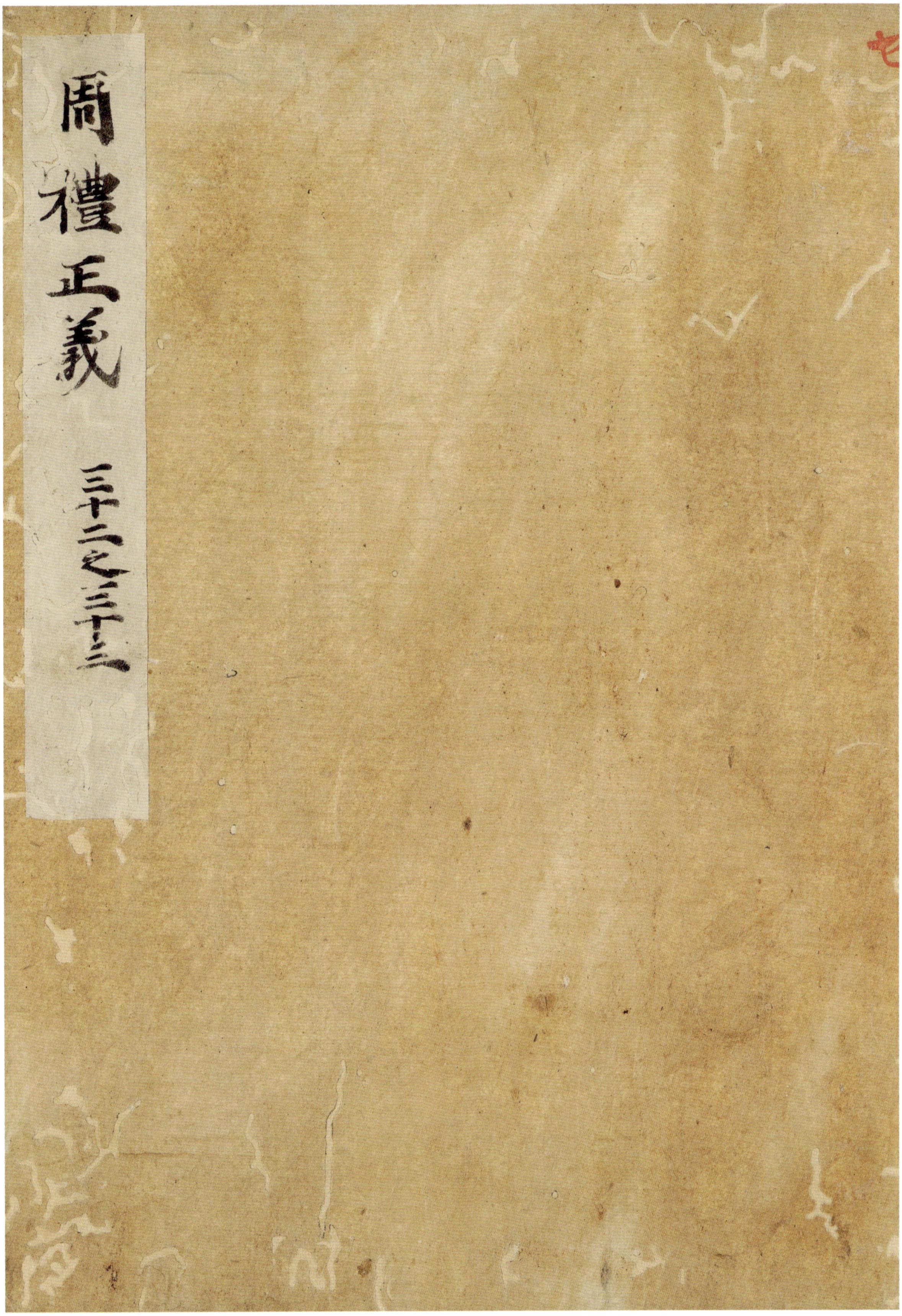
周禮正義
三十二之三十三

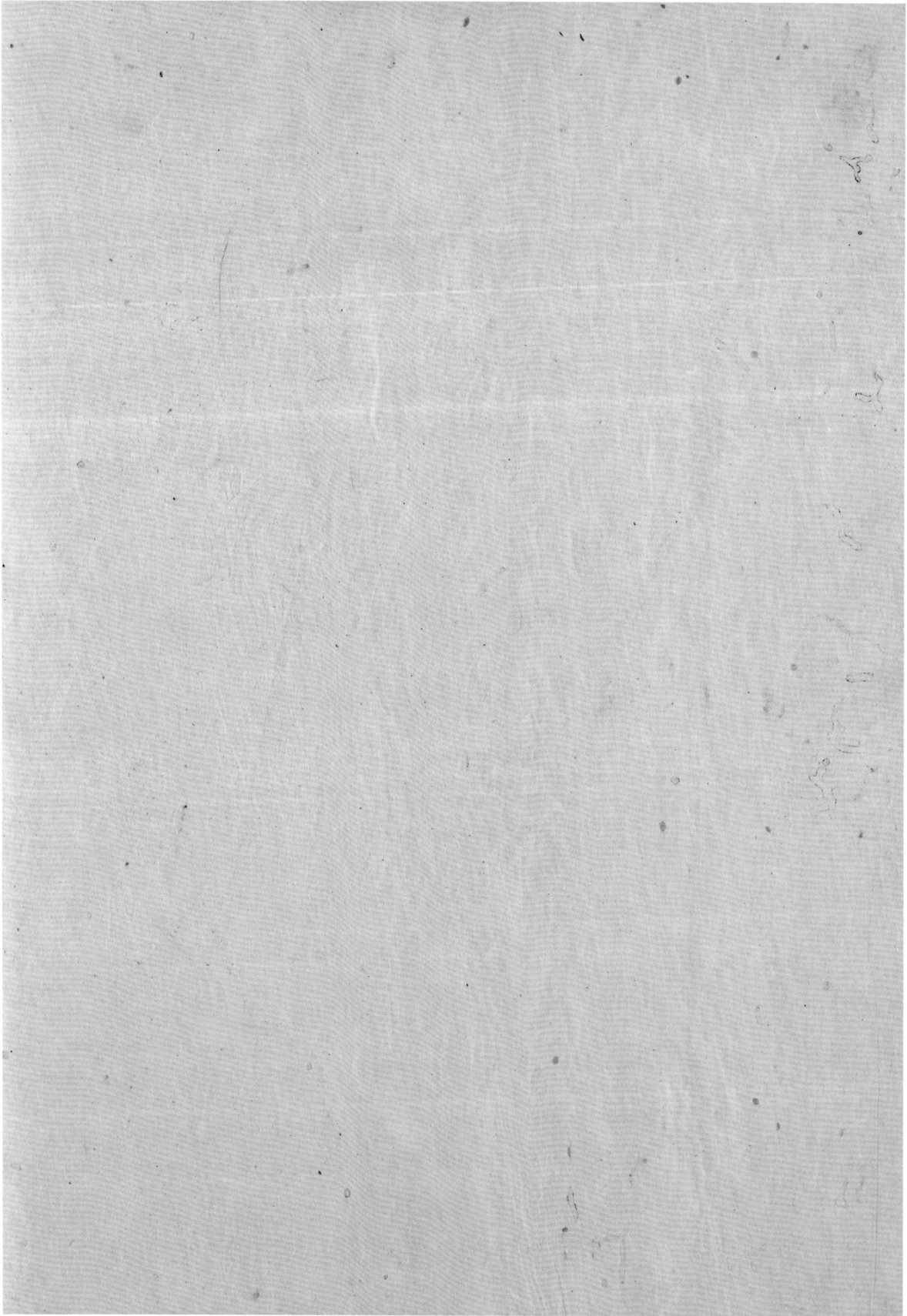